The Japanese Language

ホテル日本語

호텔과 관광관련 실무회화를 중심으로 한

호텔 일본어

박정윤·권봉헌 공저

백산출판사

머리말

본서는 일본어를 처음 접하는 분들에게 이해하기 쉽게 하기 위하여 인사, 자기소개, 조사, 숫자, 시간 및 날짜 등의 기초적인 내용을 알기 쉽게 설명하였으며, 문법적인 개념을 이해하기 위하여 형용사, 동사, 경어 등의 내용을 설명하여 기초편으로 대분류하여 구분하였다. 그리고 호텔과 관광관련 실무회화를 중심으로 관광관련 종사원들에게 고객을 응대하기 위한 기본적이고 필수적인 내용을 중심으로 실무편으로 분류하였다.

이렇게 기초편 10개의 장과 실무편 10개의 장으로 구성하여 총 20개의 장으로 책의 내용을 설명하였다. 특히 기초편 각 장마다 일본의 사회・문화 등에 대한 기본적인 정보를 제공하여, 언어뿐만 아니라 그 나라의 사회와 문화에 대한 이해를 돕기 위하여 일본에 대하여 소개를 해놓았다.

외국어라는 것은 우리가 평소에 우리말에 익숙해져있고, 우리말을 하면서 생활하기 때문에 쉽게 익힐 수 있는 것은 아니라고 생각된다. 단지 하나의 방법이 있다면 꾸준히 반복하여 학습하고 적극적인 자세로 듣기와 말하기 기회를 스스로 찾아야 되며, 단지 언어를 배운다고 생각하지 말고 그 나라의 문화를 배운다고 생각하며 접근하면 동기부여가 될 수 있을 것으로 사료된다.

끝으로, 본서를 출판하는데 많은 도움을 주신 진욱상 사장님과 편집에 노고가 많으신 편집부 직원분들에게 이 지면을 통하여 감사의 말씀을 드리며, 하나님의 은총이 가득하시기를 바랍니다.

저자

Contents

차 례

기초편

실무편

ひらがな 따라쓰기

• 일본어 문자와 발음

일본어의 표기에는 히라가나(ひらがな)와 카타카나(カタカナ), 한자 세 가지가 병행되는데, 히라가나와 카타카나를 합쳐서 가나(がな)라고 한다. 히라가나는 주로 일본어 고유어에 쓰이며, 카타카나는 외래어, 외국어 표기에 쓰인다.

히라가나는 한자의 초서체에서 비롯되었으며, 헤이안 시대 전기에 등장하였다. 글자 모양은 흘려 쓴 듯이 부드러운 곡선이 많으며, 당시에는 여성들이 쓰는 문자였으나, 현재는 일본어 고유어의 표기 및 형용사, 동사에서도 쓰이고 있다.

카타카나는 한자의 일부, 혹은 전부에서 따온 것으로, 각이 진 딱딱한 문자이며, 현재는 외래어, 외국어, 혹은 시각적인 효과를 내거나 강조하기 위해 사용되고 있다.

한자는 1981년 사용한자로 1,945자가 선정되어 있으며, 일본에서 생활하려면 기본적으로 1,945자 이상은 알아야 한다. 일본의 한자 읽기는 음독(音読)과 훈독(訓読), 두 가지 방법이 있는데, 음독은 한자의 음으로 읽는 방법이고, 훈독은 뜻으로 읽는 방법이다. 예를 들어, 水(물 수)를 음독할 때는 '스이(すい)'로, 훈독할 때는 '미즈(みず)'로 읽는다.

담당교수 :	제출일시 : 20 . . .

학 과 :	학 번 :	성 명 :

1. 청음(清音): 청음(清音) : 맑은 소리로써, 50음도의 가나 중 ん을 제외한 모든 가나

― あ행

あ a	い i	う u	え e	お o
あ	い	う	え	お
あ	い	う	え	お
あ	い	う	え	お

ー か행

か ka	き ki	く ku	け ke	こ ko
か	き	く	け	こ
か	き	く	け	こ
か	き	く	け	こ

담당교수 :	제출일시 : 20 . . .

학 과 :	학 번 :	성 명 :

– さ행

さ sa	し shi	す su	せ se	そ so
さ	し	す	せ	そ
さ	し	す	せ	そ
さ	し	す	せ	そ

– た행

た ta	ち chi	つ tsu	て te	と to
た	ち	つ	て	と
た	ち	つ	て	と
た	ち	つ	て	と

담당교수 :	제출일시 : 20　　.　　.　　.

학　과 :	학　번 :	성　명 :

— な행

な na	に ni	ぬ nu	ね ne	の no
な	に	ぬ	ね	の
な	に	ぬ	ね	の
な	に	ぬ	ね	の

– は행

は ha	ひ hi	ふ hu	へ he	ほ ho
は	ひ	ふ	へ	ほ
は	ひ	ふ	へ	ほ
は	ひ	ふ	へ	ほ

담당교수 :		제출일시 : 20 . . .
학 과 :	학 번 :	성 명 :

ー ま행

ま ma	み mi	む mu	め me	も mo
ま	み	む	め	も
ま	み	む	め	も
ま	み	む	め	も

— や행

や	い	ゆ	え	よ
ya	i	yu	e	yo
や	い	ゆ	え	よ
や	い	ゆ	え	よ
や	い	ゆ	え	よ

담당교수 :	제출일시 : 20 . . .

학 과 :	학 번 :	성 명 :

– ら행

ら ra	り ri	る ru	れ re	ろ ro
ら	り	る	れ	ろ
ら	り	る	れ	ろ
ら	り	る	れ	ろ

– わ행

わ 1 2 wa	を 1 2 3 o	ん 1 n m ŋ
わ	を	ん
わ	を	ん
わ	を	ん

담당교수 :	제출일시 : 20 . . .

학 과 :	학 번 :	성 명 :

2. 탁음(濁音) 및 반탁음(半濁音): 탁음(濁音): 성대를 울리며 내는 소리로 か · さ · た · は행에서 일어난다.

ㅡ が행

が ga	ぎ gi	ぐ gu	げ ge	ご go
が	ぎ	ぐ	げ	ご
が	ぎ	ぐ	げ	ご
が	ぎ	ぐ	げ	ご

– ざ행

ざ za	じ ji	ず zu	ぜ ze	ぞ zo
ざ	じ	ず	ぜ	ぞ
ざ	じ	ず	ぜ	ぞ
ざ	じ	ず	ぜ	ぞ

담당교수 :	제출일시 : 20　　.　　.　　.

학　과 :	학　번 :	성　명 :

– だ행

だ da	ぢ ji	づ zu	で de	ど do
だ	ぢ	づ	で	ど
だ	ぢ	づ	で	ど
だ	ぢ	づ	で	ど

– ば행

ば ba	び bi	ぶ bu	べ be	ぼ bo
ば	び	ぶ	べ	ぼ
ば	び	ぶ	べ	ぼ
ば	び	ぶ	べ	ぼ

담당교수 :		제출일시 : 20 . . .
학 과 :	학 번 :	성 명 :

– ぱ행

반탁음(反濁音): 입술 소리로써 대개 외래어에 쓰이고 は행에서 일어난다.

ぱ pa	ぴ pi	ぷ pu	ぺ pe	ぽ po
ぱ	ぴ	ぷ	ぺ	ぽ
ぱ	ぴ	ぷ	ぺ	ぽ
ぱ	ぴ	ぷ	ぺ	ぽ

3. 요음(拗音): い단에 반모음을 작게 써서 표기하여 한 음절로 발음한다.

きゃ kya	きゅ kyu	きょ kyo
きゃ	きゅ	きょ
きゃ	きゅ	きょ
きゃ	きゅ	きょ

담당교수 :	제출일시 : 20　　.　　.　　.

학　　과 :	학　　번 :	성　　명 :

しゃ sha	しゅ shu	しょ sho
しゃ	しゅ	しょ
しゃ	しゅ	しょ
しゃ	しゅ	しょ

ちゃ cha	ちゅ chu	ちょ cho
ちゃ	ちゅ	ちょ
ちゃ	ちゅ	ちょ
ちゃ	ちゅ	ちょ

담당교수 :	제출일시 : 20 . . .

학 과 :	학 번 :	성 명 :

にゃ nya	にゅ nyu	にょ nyo
にゃ	にゅ	にょ
にゃ	にゅ	にょ
にゃ	にゅ	にょ

ひや hya	ひゅ hyu	ひょ hyo
ひや	ひゅ	ひょ
ひや	ひゅ	ひょ
ひや	ひゅ	ひょ

담당교수 :	제출일시 : 20　 .　 .　 .

학　과 :	학　번 :	성　명 :

みゃ mya	みゅ myu	みょ myo
みゃ	みゅ	みょ
みゃ	みゅ	みょ
みゃ	みゅ	みょ

りゃ rya

りゅ ryu

りょ ryo

りゃ	りゅ	りょ
りゃ	りゅ	りょ
りゃ	りゅ	りょ
りゃ	りゅ	りょ

담당교수 :		제출일시 : 20 . . .
학 과 :	학 번 :	성 명 :

ぎゃ gya	ぎゅ gyu	ぎょ gyo
ぎゃ	ぎゅ	ぎょ
ぎゃ	ぎゅ	ぎょ
ぎゃ	ぎゅ	ぎょ

じゃ ja	じゅ ju	じょ jo
じゃ	じゅ	じょ
じゃ	じゅ	じょ
じゃ	じゅ	じょ

담당교수 :	제출일시 : 20　　.　　.　　.

학　　과 :	학　　번 :	성　　명 :

びゃ bya	びゅ byu	びょ byo
びゃ	びゅ	びょ
びゃ	びゅ	びょ
びゃ	びゅ	びょ

ぴゃ pya	ぴゅ pyu	ぴょ pyo
ぴゃ	ぴゅ	ぴょ
ぴゃ	ぴゅ	ぴょ
ぴゃ	ぴゅ	ぴょ

4. 촉음

촉음은 っ(작은 つ)로 표기하며, 뒤에 오는 글자의 발음(k, s, t, p 등)과 같은 발음으로 소리낸다. 예를 들면 こっか(kok ka: 국가), ざっし(zas si: 잡지), きって(kit te: 우표), きっぷ(kip pu: 티켓) 등이 있으며, 우리말에서의 시옷 받침과 비슷하게 발음하는 경우가 많다.

5. 장음

히라가나에서 장음은 모음인 あいうえお로 표시하며, 바로 앞의 모음을 길게 발음하면 된다. 예를 들면 영화라는 단어인 えいが는 '에이가'가 아닌 '에-가'로 발음한다.

カタカナ 따라쓰기

담당교수 :		제출일시 : 20 . . .
학 과 :	학 번 :	성 명 :

1. 청음(清音): 맑은 소리로써, 50음도의 가나 중 ン을 제외한 모든 가나

– ア행

ア a	イ i	ウ u	エ e	オ o
ア	イ	ウ	エ	オ
ア	イ	ウ	エ	オ
ア	イ	ウ	エ	オ

ー カ행

カ ka	キ ki	ク ku	ケ ke	コ ko
カ	キ	ク	ケ	コ
カ	キ	ク	ケ	コ
カ	キ	ク	ケ	コ

담당교수 :	제출일시 : 20 . . .

학 과 :	학 번 :	성 명 :

− サ행

サ sa	シ shi	ス su	セ se	ソ so
サ	シ	ス	セ	ソ
サ	シ	ス	セ	ソ
サ	シ	ス	セ	ソ

— タ행

タ ta	チ chi	ツ tsu	テ te	ト to
タ	チ	ツ	テ	ト
タ	チ	ツ	テ	ト
タ	チ	ツ	テ	ト

담당교수 :	제출일시 : 20 . . .

학 과 :	학 번 :	성 명 :

– ナ행

ナ na	ニ ni	ヌ nu	ネ ne	ノ no
ナ	ニ	ヌ	ネ	ノ
ナ	ニ	ヌ	ネ	ノ
ナ	ニ	ヌ	ネ	ノ

ー ハ행

ハ ha	ヒ hi	フ fu	ヘ he	ホ ho
ハ	ヒ	フ	ヘ	ホ
ハ	ヒ	フ	ヘ	ホ
ハ	ヒ	フ	ヘ	ホ

담당교수 :	제출일시 : 20 . . .

학 과 :	학 번 :	성 명 :

– マ행

マ ma	ミ mi	ム mu	メ me	モ mo
マ	ミ	ム	メ	モ
マ	ミ	ム	メ	モ
マ	ミ	ム	メ	モ

– ヤ행

ヤ	イ	ユ	エ	ヨ
ya	i	yu	e	yo
ヤ		ユ		ヨ
ヤ		ユ		ヨ
ヤ		ユ		ヨ

담당교수 :	제출일시 : 20 . . .

학 과 :	학 번 :	성 명 :

– ラ행

ラ ra	リ ri	ル ru	レ re	ロ ro
ラ	リ	ル	レ	ロ
ラ	リ	ル	レ	ロ
ラ	リ	ル	レ	ロ

— ワ행

ワ wa	ヲ o	ン n m ŋ
ワ	ヲ	ン
ワ	ヲ	ン
ワ	ヲ	ン

담당교수 :	제출일시 : 20　　.　　.　　.

학　과 :	학　번 :	성　명 :

2. 탁음(濁音) 및 반탁음(半濁音): 탁음(濁音): 성대를 울리며 내는 소리로 カ · サ · タ · ハ행에서 일어난다.

– ガ행

ガ	ギ	グ	ゲ	ゴ
ga	gi	gu	ge	go
ガ	ギ	グ	ゲ	ゴ
ガ	ギ	グ	ゲ	ゴ
ガ	ギ	グ	ゲ	ゴ

– ザ행

ザ za	ジ ji	ズ zu	ゼ ze	ゾ zo
ザ	ジ	ズ	ゼ	ゾ
ザ	ジ	ズ	ゼ	ゾ
ザ	ジ	ズ	ゼ	ゾ

담당교수 :	제출일시 : 20 . . .

학 과 :	학 번 :	성 명 :

— ダ행

ダ da	ヂ ji	ヅ zu	デ de	ド do
ダ	ヂ	ヅ	デ	ド
ダ	ヂ	ヅ	デ	ド
ダ	ヂ	ヅ	デ	ド

— バ행

バ	ビ	ブ	ベ	ボ
ba	bi	bu	be	bo
バ	ビ	ブ	ベ	ボ
バ	ビ	ブ	ベ	ボ
バ	ビ	ブ	ベ	ボ

담당교수 :	제출일시 : 20 . . .

학 과 :	학 번 :	성 명 :

– パ행:

반탁음(反濁音): 입술 소리로써 대개 외래어에 쓰이고 ハ행에서 일어난다.

パ	ピ	プ	ペ	ポ
pa	pi	pu	pe	po
パ	ピ	プ	ペ	ポ
パ	ピ	プ	ペ	ポ
パ	ピ	プ	ペ	ポ

3. 요음(拗音): イ단에 반모음을 작게 써서 표기하여 한 음절로 발음한다.

キャ kya	キュ kyu	キョ kyo
キャ	キュ	キョ
キャ	キュ	キョ
キャ	キュ	キョ

담당교수 :	제출일시 : 20 . . .

학 과 :	학 번 :	성 명 :

シャ sha	シュ shu	ショ sho
シャ	シュ	ショ
シャ	シュ	ショ
シャ	シュ	ショ

チャ cha	チュ chu	チョ cho
チャ	チュ	チョ
チャ	チュ	チョ
チャ	チュ	チョ

담당교수 :

제출일시 : 20　　.　　.　　.

학　과 :

학　번 :

성　명 :

ニャ nya	ニュ nyu	ニョ nyo
ニャ	ニュ	ニョ
ニャ	ニュ	ニョ
ニャ	ニュ	ニョ

ヒャ hya	ヒュ hyu	ヒョ hyo
ヒャ	ヒュ	ヒョ
ヒャ	ヒュ	ヒョ
ヒャ	ヒュ	ヒョ

담당교수 :	제출일시 : 20　　.　　.　　.

학　과 :	학　번 :	성　명 :

ミャ mya	ミュ myu	ミョ myo
ミャ	ミュ	ミョ
ミャ	ミュ	ミョ
ミャ	ミュ	ミョ

リャ rya	リュ ryu	リョ ryo
リャ	リュ	リョ
リャ	リュ	リョ
リャ	リュ	リョ

담당교수 :	제출일시 : 20 . . .

학 과 :	학 번 :	성 명 :

ギャ gya	ギュ gyu	ギョ gyo
ギャ	ギュ	ギョ
ギャ	ギュ	ギョ
ギャ	ギュ	ギョ

ジャ ja	ジュ ju	ジョ jo
ジャ	ジュ	ジョ
ジャ	ジュ	ジョ
ジャ	ジュ	ジョ

담당교수 :	제출일시 : 20　　.　　.　　.

학　과 :	학　번 :	성　명 :

ビャ bya	ビュ byu	ビョ byo
ビャ	ビュ	ビョ
ビャ	ビュ	ビョ
ビャ	ビュ	ビョ

ピャ pya	ピュ pyu	ピョ pyo
ピャ	ピュ	ピョ
ピャ	ピュ	ピョ
ピャ	ピュ	ピョ

4. 촉음

카타카나에서도 역시 촉음이 있으며, ッ(작은 ツ)로 표기하며, 뒤에 오는 글자의 발음(k,s,t,p 등)과 같은 발음으로 소리낸다.

5. 장음

카타카나에서 장음은 -로 표기한다. 예를 들면 뉴스는 ニューズ로, 메뉴는 メニュー로 표기를 한다.

6. 외래어 표기에 쓰이는 카타카나

ウォ[wo]	ティ[ti]
キェ[kye]	ディ[di]
ギェ[gye]	トゥ[tu]
クァ[kwa]	ドゥ[du]
グァ[gwa]	ヒェ[hye]
シェ[she]	ファ[hwa]
ジェ[zye]	フィ[hwi]
チェ[che]	

기초편

Chapter 1. 인사

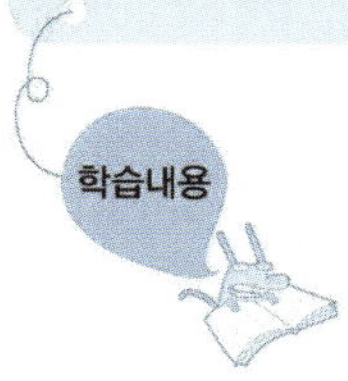

1. 일상적 인사

*일본어에서의 일상생활 내에서의 인사는 시간대별로 다르다.

안녕하세요?
아침인사: おはようございます。
점심인사: こんにちは。
저녁인사: こんばんは。 *は는 인사에서는 [wa]라고 발음한다.

안녕히 주무세요: おやすみなさい。(お休みなさい)
잘 자: おやすみ。(お休み)

2. 사과 및 사죄

미안합니다.
すみません。
ごめんなさい。(ご免なさい)

죄송합니다. (정중한 표현)
もうしわけありません。(申し訳ありません)
もうしわけございません。(申し訳ございません)

3. 감사의 인사

감사합니다.
どうも。
ありがとうございます。
どうも　ありがとうございます。
まことに　ありがとうございます。(誠にありがとうございます)
かんしゃします。(感謝します)

4. 감사 인사에 대한 화답

천만에요: どういたしまして。
별 말씀을요: とんでもありません。

5. 부탁의 인사

*꼭 부탁할 경우에만 쓰인다기보다는, 좀 더 넓은 의미에서 인사의 한 부분으로 많이 쓰입니다. 문장이 길어질수록 정중한 표현이 된다.

잘 부탁합니다: よろしく　おねがいします。(宜しくお願いします)
잘 부탁드립니다: よろしく　おねがいいたします。(宜しくお願い致します)
どうぞ　よろしく　おねがいします。(どうぞ宜しくお願いします)
どうぞ よろしく　おねがいいたします。(どうぞ宜しくお願い致します)
저야말로, 잘 부탁드립니다: こちらこそ、よろしくおねがいします/いたします。
(こちらこそ、宜しくお願いします/致します)

6. 작별인사

안녕히 가세요: さようなら。
건강하세요: おげんきで。(お元気で)
먼저 일어나겠습니다: おさきにしつれいします。(お先に失礼します)
(좀 더 정중한 표현) おさきにしつれいいたします。(お先に失礼致します)

이만 가보겠습니다: そろそろしつれいします。(そろそろ失礼します)

잘 가, 또 보자, 또 봅시다.
じゃね。
では、また。

또 오세요: またおこしくださいませ。(また、お越しくださいませ)

7. 식사 시 인사

잘 먹겠습니다: いただきます。(頂きます)
잘 먹었습니다: ごちそうさまです/ごちそうさまでした。*현재형/과거형 모두 가능합니다.
맛있습니다: おいしいです。(美味しいです)

8. 나가고 들어올 때의 인사

다녀오겠습니다: いってきます。(行って来ます)
다녀오세요: いっていらっしゃい。(行っていらっしゃ)

다녀왔습니다: ただいま。
다녀오셨어요?/ 왔니?: おかえりなさい。(お帰りなさい)

9. 오랜만에 만났을 때의 인사

오래간만입니다: おひさしぶりです。(お久しぶりです)
안녕하십니까/건강하십니까: おげんきですか。(お元気ですか)
덕분에 건강합니다: おかげさまで、げんきです。(お陰さまで、元気です)

단어

やすみ　休み　휴식, 휴가, 쉼
まことに　誠に　진심으로
かんしゃ　感謝　감사
よろしく　宜しく　잘
また　又　또
さきに　先に　먼저
ひさしぶり　久しぶり　오래간만
おかげ　お陰　덕분

회화

1. おはようございます。
こんにちは。
こんばんは。
おやすみなさい。

2. すみません。
ごめんなさい
もうしわけありません。
もうしわけございません。

3. どうも。
ありがとうございます。
どうも　ありがとうございます。
まことに　ありがとうございます。
かんしゃします。

4. どういたしまして。
とんでもありません。

5. よろしく　おねがいします。
よろしく　おねがいいたします。

A: どうぞ　よろしく　おねがいします。
B: こちらこそ、よろしくおねがいします。

A: どうぞ　よろしく　おねがいいたします。
B: こちらこそ、よろしくおねがいいたします。

6. さようなら。
おげんきで。
おさきにしつれいします。
おさきにしつれいいたします。
そろそろしつれいします。

じゃね。
では、また。
またおこしくださいませ。

7. いただきます。
ごちそうさまです/ごちそうさまでした。
おいしいです。

8. A: いってきます。
B: いっていらっしゃい。

A: ただいま。
B: おかえりなさい。

9. A: おひさしぶりです。おげんきですか。
B: おかげさまで、げんきです。

연습

A: ありがとうございます。
B: どういたしまして。 とんでもありません。

A: おさきにしつれいします
B: では、また。

A: いってきます。
B: いっていらっしゃい。

A: ただいま。
B: おかえりなさい。

A: おひさしぶりです。おげんきですか。
B: おかげさまで、げんきです。

<문제> problem

다음 인사에 대한 화답으로 적당한 표현을 골라보세요.

1. ありがとうございます。

➡

2. よろしく　おねがいします

➡

3. いってきます

➡

4. ただいま

➡

5. おげんきですか

➡

6. おはようございます。

➡

A. いっていらっしゃい

B. おかげさまで、げんきです

C. どういたしまして。

D. おかえりなさい

E. おはようございます。

F. こちらこそ、よろしくおねがいします

정답

1. (C)　2. (F)　3. (A)　4. (D)　5. (B)　6. (E)

부록 일본

■ 국명 : 일본국 日本國(Japan)

- ㅇ 위치 : 동북아시아
- ㅇ 면적 : 약 38만㎢(한반도의 약 1.7배)
- ㅇ 인구 : 1억 2,756만명(09년, World Bank)
- ㅇ 수도 : 東京(Tokyo)
- ㅇ 행정구역 : 1都 1道 2府 43県(총47개)
- ㅇ 종교 : 神道(Shintoism), 불교, 기독교

■ 지역개관

- 일본은 동아시아의 동쪽, 태평양의 서쪽에 위치한 섬나라
- 전체 면적은 남한 면적의 3.8배, 한반도 전체보다 1.7배 넓은 38만 평방미터
- 세계에서 60번째로 넓은 국가
- 인구는 1억 2,738만명으로, 세계 10위(10년, World Bank)
- 행정구역은 1都 1道 2府 43県의 총47개로 나뉘어져 있으며, 수도는 도쿄
  *1都(도쿄도), 1道(홋카이도), 2府(오사카부, 교토부), 43県(기후현, 나가노현 등)
- 입헌군주제 국가로, 정부는 내각책임제, 의회는 참의원과 중의원의 양원제
- 화폐 단위는 엔(円)을 사용, GDP는 5조 4,978억불(1인당 GDP는 42,325불) (2010년, World Bank)

■ 우리나라와의 관계

- 1965년 우리나라와 국교정상화 이후 정치 · 안보, 경제 · 통상, 문화 · 인적교류 등 전반적으로 꾸준한 우호협력관계 발전을 이뤄온 이웃국가. 우리나라의 제2위 교역상대국이자 제2위 투자국(11년 기준)
- 2011년도 우리의 대일교역액은 1,082억불이며, 우리나라의 수출 3위국이자 수입 2위국
- 2011년도 일본의 대한투자액은 22.8억불이며, 1962~2011년간 총 누적투자액은 282.6억불
- 한 · 일 양국민은 상대국을 가장 많이 방문하는 외국인이며, 2011년도 인적교류 규모는 494.7만명(방한일본인 328.9만명 / 방일한국인 165.8만명)
- 외국인 입국자 중 일본인의 비중은 1위 / 일본 입국자 중 한국인의 비중도 1위
- 재일동포 545,397명(2011년말 기준)

-외교통상부 지역정보 중 발췌-

■ 지역 및 행정구역

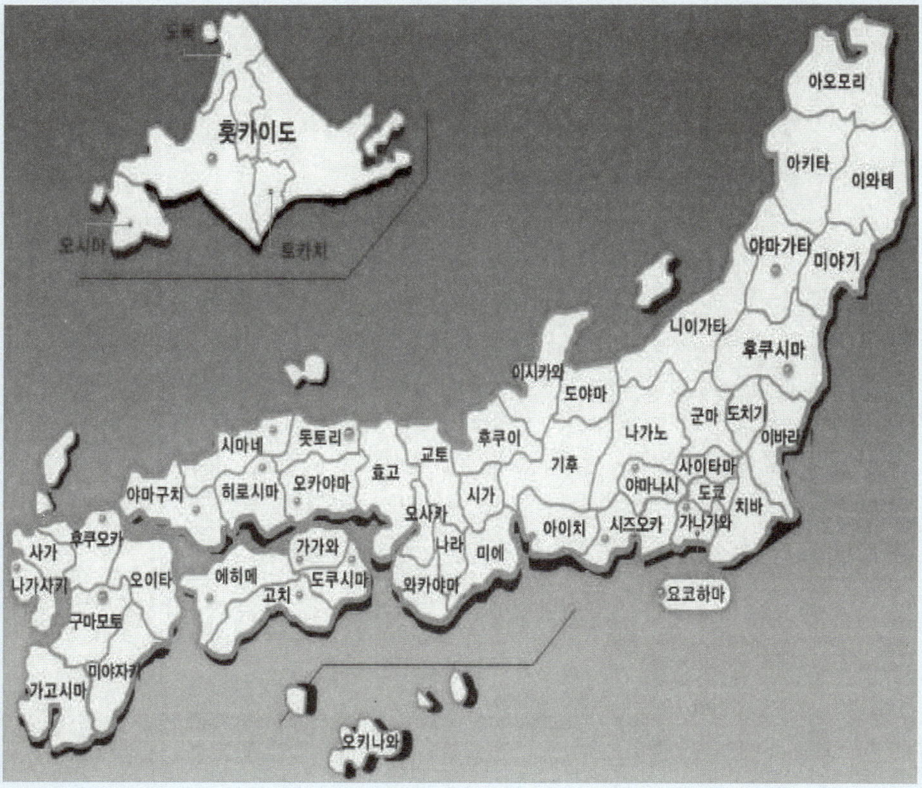

■ 홋카이도(北海道) 삿포로(札幌)

토호쿠(東北)

아오모리현(青森県)	아오모리(青森)
이와테현(岩手県)	모리오카(盛岡)
미야기현(宮城県)	센다이(仙台)
아키타현(秋田県)	아키타(秋田)
야마가타현(山形県)	야마가타(山形)
후쿠시마현(福島県)	후쿠시마(福島)

칸토(関東)

이바라키현(茨城県)	미토(水戸)
토치키현(栃木県)	우쯔노미야(宇都宮)

군마현(群馬県)	마에하시(前橋)
사이타마현(埼玉県)	사이타마(さいたま)
치바현(千葉県)	치바(千葉)
도쿄도(東京都)	도쿄(東京)
카나가와현(神奈川県)	요코하마(横浜)

츄부(中部)

니이가타현(新潟県)	니이가타(新潟)
토야마현(富山県)	토야마(富山)
이시카와현(石川県)	카나자와(金沢)
후쿠이현(福井県)	후쿠이(福井)
야마나시현(山梨県)	고후(甲府)
나가노현(長野県)	나가노(長野)
기후현(岐阜県)	기후(岐阜)
시즈오카현(静岡県)	시즈오카(静岡)
아이치현(愛知県)	나고야(名古屋)

킨기(近畿)

미에현(三重県)	츠(津)
시가현(滋賀県)	오오츠(大津)
교토부(京都府)	교토(京都)
오오사카부(大阪府)	오오사카(大阪)
효고현(兵庫県)	고베(神戸)
나라현(奈良県)	나라(奈良)
와카야마현(和歌山県)	와카야마(和歌山)

츄고쿠(中国)

돗토리현(鳥取県)	돗코리(鳥取)
시마네현(島根県)	마츠에(松江)
오카야마현(岡山県)	오카야마(岡山)
히로시마현(広島県)	히로시마(広島)
야마구치현(山口県)	야마구치(山口)

시코쿠(四国)

토쿠시마현(徳島県)	토쿠시마(徳島)
카가와현(香川県)	다카마츠(高松)

에히메현(愛媛県)	마츠야마(松山)
고치현(高知県)	고치(高知)

큐슈(九州)

후쿠오카현(福岡県)	후쿠오카(福岡)
사가현(佐賀県)	사가(佐賀)
나가사키현(長崎県)	나가사키(長崎)
쿠마모토현(熊本県)	쿠마모토(熊本)
오이타현(大分県)	오이타(大分)
미야자키현(宮崎県)	미야자키(宮崎)
가고시마현(鹿児島県)	가고시마(鹿児島)
오키나와현(沖縄県)	나하(那覇)

- 도쿄를 중심으로 한 관동지방과 오사카를 중심으로 한 관서지방은 관습이나 문화, 일상생활에서 약간의 차이가 있다. 한 예로, 일본 내 자동차는 모두 좌측통행이지만, 사람일 경우 도쿄는 우측통행, 오사카는 좌측통행이 일반적이다.
- 관동 및 관서를 나누는 '관'은 하코네 지역에 있던 일종의 통행 검문소인 세키쇼(関所)에서 유래되었다. 에도시대의 도쿠가와 막부에서 만든 검문소로, 에도(지금의 도쿄)에 들어가려는 사람들이 반드시 통과해야 했으며, 이 하코네의 세키쇼(関所)를 중심으로 동쪽과 서쪽지역을 나눈 것이 관동, 관서이다.
- 우리나라에 남남북녀란 말이 있듯이 일본에서는 '남자는 큐슈 남자, 여자는 교토 여자'란 말이 있다. 큐슈지역은 태풍이 자주 오고, 거친 바다와 싸워야 하는 생활 때문에 남자가 강인하고 남자다우며, 교토의 여자가 일본 특유의 여성미가 강하다는 의미에서 비롯된 말이다.

Chapter 2.

자기소개 및 ~입니다, -이/가 아닙니다

학습내용

1. 자기소개

일본에서의 자기소개는 주로 다음 세 문장으로 구성된다.

처음 뵙겠습니다: はじめまして。(初めまして)
저는 ○○○이라고 합니다: わたしは　○○○と　もうします。(私は○○○と申します)
잘 부탁드립니다: よろしく　おねがいします。(宜しくお願いします)

＊は는 조사일 경우 [wa]로 발음한다.

2. ～は　～です： ～은/는 ～입니다.

～は는 주격조사로써 조사로 쓰일 경우에는 [wa]로 발음한다.
～です는 평서형 종결어미 중 하나로, '~입니다'라는 의미이다.

① わたしは　かんこくじんです。　　저는 한국인입니다.
② わたしは　にほんじんです。　　저는 일본인입니다.
③ かれは　ちゅうごくじんです。　　그는 중국인입니다.
④ かのじょは　アメリカじんです。　　그녀는 미국인입니다.

3. ～では ありません：～이/가 아닙니다.

～です(~입니다)의 부정형이며, 주로 문장에서 쓰이거나 연설에서 쓰인다.

회화체로는 ~じゃありません을 사용한다. ＊~では에서 は는 [wa]로 발음한다.

① わたしは　にほんじんではありません。
저는 일본인이 아닙니다.(연설용, 문어체적 표현)
② わたしは　にほんじんじゃありません。　저는 일본인이 아닙니다.(일상회화)
③ かれは　ちゅうごくじんじゃありません。 그는 중국인이 아닙니다.
④ かのじょは　アメリカじんじゃありません。 그녀는 미국인이 아닙니다.

4. ~でした : ~이었습니다.

~です(~입니다)의 과거형이다.

① わたしは　がくせいでした。　저는 학생이었습니다.
② わたしは　せんせいでした。　저는 선생님이었습니다.
③ かれは　かいしゃいんでした。　그는 회사원이었습니다.
④ かのじょは　かしゅでした。　그녀는 가수였습니다.

5. ~では ありませんでした : ~이/가 아니었습니다.

~です(~입니다)의 과거부정형이며, 주로 문장에서 쓰이거나 연설에서 쓰인다. 회화체로는 ~じゃありませんでした를 쓴다.

① わたしは　がくせいではありませんでした。 저는 학생이 아니었습니다.
(연설용, 문어체적 표현)
② わたしは　がくせいじゃありませんでした。　저는 학생이 아니었습니다.(일상회화)
③ わたしは　せんせいじゃありませんでした。 저는 선생님이 아니었습니다.
④ かれは　かいしゃいんじゃありませんでした。 그는 회사원이 아니었습니다.
⑤ かのじょは　かしゅじゃありませんでした。　그녀는 가수가 아니었습니다.

6. ~ですか: ~입니까?

~です의 의문문이며, '예/아니오'의 대답을 요구하는 질문이다. 또한 일본어에서는 의문문 끝에 의문부호를 쓰지 않고 문장 끝에 「。」를 쓴다.

① あなたは　かんこくじんですか。　당신은 한국인입니까?
② あなたは　にほんじんですか。　당신은 일본인입니까?
③ かれは　ちゅうごくじんですか。　그는 중국인입니까?
④ かのじょは　アメリカじんですか。　그녀는 미국인입니까?

7. ~でしだか: ~이었습니까?

~です의 의문문 과거형이며, '예/아니오'의 대답을 요구하는 질문이다. ~ですか와 마찬가지로 의문부호를 쓰지 않고 문장 끝에 「。」를 쓴다.

① あなたは　がくせいでしたか。　당신은 학생이었습니까?
② あなたは　せんせいでしたか。　당신은 선생님이었습니까?
③ かれは　かいしゃいんでしたか。　그는 회사원이었습니까?
④ かのじょは　かしゅでしたか。　그녀는 가수였습니까?

	현재 및 미래	과거
긍정	~です	~でした
부정	~じゃありません	~じゃありませんでした
의문	~ですか	~でしたか

8. 소개에 관련된 질문

① おなまえは。(お名前は)　성함은요?
なまえ(名前)는 이름을 의미하며, お는 명사를 경어로 만드는 역할을 하는 접두어이다. 즉 おなまえ(お名前)는 '성함'이라는 뜻으로 쓰이게 된다.

② おくには。(お国は)　고향/나라는요?
くに(国)는 고향/나라를 의미하며, 여기서 お는 역시 명사를 경어로 만드는 역할을 한다.

③ おしごとは。(お仕事は)　직업/하시는 일은요?
しごと(仕事)는 일/직업을 의미하며, 여기서 お는 역시 명사를 경어로 만드는 역할을 한다.

단어

はい　예
いいえ　아니오
はあ はい　보다 정중한 표현
わたし　私　나/저　＊わたくし　私　저
ぼく　僕　나(남자가 쓰는 표현으로 여자는 わたし만을 쓴다)
あなた　貴方　너/당신(윗사람에게는 쓰지 않는다)
＊きみ　君　편한 상대에게 쓰는 표현
おまえ　お前　아랫사람 혹은 깔보는 경우에 쓰는 표현
かれ　彼　그
かのじょ　彼女　그녀
～は　주격조사 은/는
～さん　~씨, ~님
*다른 사람의 성이나 이름 뒤에만 붙이고 본인의 성, 이름 뒤에는 스스로 붙이지 않으며, 상대방의 이름을 알고 있을 경우에는 あなた보다는 ~さん을 쓰는 것이 좋다.
～さま　様　~님, ～さん보다 정중한 표현
～です　~입니다
～では(～じゃ)ありません　~이/가 아닙니다
～でした　~이었습니다
～ではありませんでした　~이가 아니었습니다
～ですか　~입니까?
なまえ　名前　이름
おなまえ　お名前　성함
くに　国　고향/나라
しごと　仕事　일/직업
お～　御　고유어로 된 명사 앞에 붙어 경어를 만드는 접두어
ご～　御　한자어로 된 명사 앞에 붙어 경어를 만드는 접두어
かんこく　韓国　한국
ソウル　서울
にほん　日本　일본
ちゅうごく　中国　중국
アメリカ　미국
イギリス　영국
フランス　프랑스
ドイツ　독일
イタリア　이탈리아
ロシア　러시아
*각 단어 뒤에 じん(人)을 붙이면, ~인(사람)이 된다.
かんこくじん　韓国人　한국인
にほんじん　日本人　일본인
ちゅうごくじん　中国人　중국인
アメリカじん　미국인
イギリスじん　영국인
フランスじん　프랑스인
ドイツじん　독일인
イタリアじん　이탈리아인
ロシアじん　러시아인
がくせい　学生　학생
せんせい　先生　선생님
*(일본어에서는 せんせい에 이미 존경의 의미가 들어있기 때문에 '님'을 따로 붙이지 않는다)
だいがくせい　大学生　대학생
かいしゃいん　会社員　회사원
かしゅ　歌手　가수
ホテリア-　호텔 경영자

회화

玉木(たまき)：　初(はじ)めまして。

私(わたし)は玉木(たまき)と申(もう)します。

宜(よろ)しくお願(ねが)いします

朴(パク)：　初(はじ)めまして。

私(わたし)はパクと申(もう)します。

こちらこそ、宜(よろ)しくお願(ねが)いします

연습

1. わたしは　かんこくじんです。　　저는 한국인입니다.
   わたしは　がくせいです。　　저는 학생입니다.

2. わたしは　にほんじんじゃありません。　　저는 일본인이 아닙니다.
   わたしは　せんせいじゃありません。　　저는 선생님이 아닙니다.

3. あなたは　かんこくじんですか。　　당신은 한국인입니까?
   あなたは　かしゅですか。　　당신은 가수입니까?

3. A: あなたは　かんこくじんですか。　　당신은 한국인입니까?
   B-1: はい、わたしは　かんこくじんです。　　예, 저는 한국인입니다.
   B-2: いいえ、わたしは　かんこくじんじゃありません。にほんじんです。
   아니오, 저는 한국인이 아닙니다. 일본인입니다.

A: あなたは　かいしゃいんですか。　당신은 회사원입니까?

B-1: はい、わたしは　かいしゃいんです。　예, 저는 회사원입니다.

B-2: いいえ、わたしは　かいしゃいんじゃありません。ホテリア-です。
아니오, 저는 회사원이 아닙니다. 호텔 경영자입니다.

4. かれは　がくせいでした。　그는 학생이었습니다.
かのじょは　せんせいでした。　그녀는 선생님이었습니다.

5. かのじょうは　かしゅじゃありませんでした。그녀는 가수가 아니었습니다.
かれは　かいしゃいんじゃありませんでした。그는 회사원이 아니었습니다.

6. A: おなまえは。　성함은요?
B-1: たまきです。　타마키입니다.
B-2: たまきと　もうします。　타마키라고 합니다.

7. A: おくには。　고향/나라는요?
B-1: かんこくです。　한국입니다.
B-2: にほんです。　일본입니다.

8. A: おしごとは。　직업/하시는 일은요?
B-1: かいしゃいんです。　회사원입니다.
B-S: ホテリア-です。　호텔경영자입니다.

<문제> problem

다음 인물을 소개해 보세요.

예) 玉木(日本、歌手)

1) おなまえは。➡ たまきさんです。
2) おくには。 ➡ にほんです。
3) おしごとは。➡ かしゅです。

1. イ(韓国、大学生)
   1) おなまえは。➡
   2) おくには。 ➡
   3) おしごとは。➡

2. スミス (アメリカ、ホテリアー)
   1) おなまえは。➡
   2) おくには。 ➡
   3) おしごとは。➡

3. ワン(中国、会社員)
   1) おなまえは。➡
   2) おくには。 ➡
   3) おしごとは。➡

정답

1. 1) イさんです。 2) かんこくです。 3) だいがくせいです。
2. 1) スミスさんです。 2) アメリカです。 3) ホテリア-です。
3. 1) ワンさんです。 2) ちゅうごくです。 3) かいしゃいんです。

부록 일본에서의 생활

1. 교통

- 철도

일본은 세계에서 철도가 가장 잘 발달되어 있는 나라 중 하나로, 많은 섬으로 구성된 국가임에도 일본 전역이 기차와 전철, 지하철로 연계되어 있다.
JR(Japan Rail)은 1987년 4월 1일에 일본 국유철도가 민영화됨에 따라 생긴 주식회사로 일본의 철도 관련사업을 주관하고 있다.
일본의 대표적인 철도인 신칸센(新幹線)은 고속열차이며, 신칸센 가운데 가장 빠른 '노조미(のぞみ : 꿈, 희망)는 도카이도(東海道) 신칸센/산요 신칸센에서 사용하는 고속철도 차량의 애칭으로 응모를 통해 붙여진 이름이다.
신칸센 이외에도 속도 순에 따라 토큐(特急: 특급), 큐코(急行: 급행), 카이소쿠(快速: 쾌속), 후쯔우(普通: 보통)로 나뉜다. 토큐(特急: 특급)는 신칸센에 비해 속도는 떨어지지만 고급스러운 열차이며, 큐코(急行: 급행)는 특급열차 아래 등급으로 주로 칸사이 지방과 나고야 지방에서 많이 운행중이다. 카이소쿠(快速:쾌속)는 대도시를 연결하는 통근 열차에 많으며 몇몇 역을 건너뛰며 운행하는 열차이며, 후쯔우(普通: 보통)는 각 역마다 정차하는 가장 느린 열차로, 운임이 가장 저렴하다.
지진이 많은 일본의 특성상 지하철보다는 땅 위로 다니는 전철이 많으며, 전철이 일본 전역에서 연계되고 있어, 전철만으로도 이동이 가능하다. 교통비가 비싼 일본에서는, 젊은이들의 자국 내 여행을 권장하기 위해 '청춘 18 티켓(青春18チケット)'을 발매한다. 청춘 18 티켓은 학교의 방학 기간에만 발매되며 5일 동안 일본 전국의 JR 보통, 쾌속 열차의 자유석을 무제한으로 탈 수 있는 티켓으로 5일에 11,500엔(1일 약 2,300엔 정도)이다. 학생뿐만 아니라 일반인, 외국인도 구입이 가능하며, 5일권이지만, 연속된 5일이 아닌 기간 중 자유롭게 1일씩 5번을 이용할 수 있다.

- 장거리 버스

대도시나 유명관광지의 철도역을 기점으로 다양한 관광버스가 운행되고 있는데, 시외 고속버스는 신칸센보다 요금이 저렴하기는 하지만 시간이 더 오래 걸린다는 단점이 있다. 심야버스를 이용하면 숙박비를 절약할 수 있으므로 경제적이다.
우리나라와 달리 뒷문으로 타면서 문 옆에 있는 버스 티켓을 뽑아야 한다.

내릴 때는 운전사 머리 윗쪽에 위치한 요금판과 자신이 가진 티켓의 번호(자신이 탄 구역에 따라 번호가 다르게 매겨져 있음)를 맞춘 후 번호 밑에 표시된 금액을 티켓과 함께 요금통에 넣고 내리면 된다. 잔돈이 없을 때는 요금통 옆에 있는 지폐교환기에서 환전한다.

- 지하철

도쿄 · 오사카 모두 JR(일본철도) 그룹이 운행하는 간죠센(環狀線)을 중심으로 다양한 노선이 운행되고 있다. 또 JR 이외의 철도나 지하철이 많이 운행되고 있어 편리하다. 표는 각 역에 설치된 자동판매기나 창구(みどりの窓口)에서 구입한다.

- 택시

교통비가 매우 비싼 일본답게, 택시비 또한 매우 비싼 편이다. 도쿄지역의 경우, 택시요금은 710엔(2012년 현재)이며, 거리로는 288미터당 90엔씩 증가하며, 심야 할증은 저녁 10시부터이다.

빈 택시는 조수석 위쪽에 적색 램프가 점등되어 있으며, 적색 램프가 점등된 택시를 향해 손을 들면 선다. 왼쪽 뒷자석으로 승하차하며, 운전수가 자동으로 문을 열고 닫아주므로, 승객이 문을 열고 닫을 필요가 없다.

2. 전화

공중전화는 동전식과 카드식이 있으며, 전화카드는 편의점 등에서 구입 가능하다. 전화를 걸면 '뚜, 뚜, 뚜~' 소리가 난 후 연결되기 때문에, '통화중'으로 오해할 수 있으나, 연결음일 뿐이므로 주의해야 한다.

핸드폰(携帯 혹은 ケ-タイ) 번호는 090으로 시작되며, 대표적인 통신회사는 Docomo, Au 등이 있다.

3. 전압

전압은 100V, 50Hz~60Hz를 사용하는데, 도쿄를 중심으로 한 일본 동부지역은 50Hz, 오오사카를 중심으로 한 일본 서부지역은 60Hz를 사용하기 때문에, 한국에서 가져간 전자제품을 사용하려면 별도의 변압장치가 필요하다.

4. 주거형태

대도시의 경우 일반주택 이외에도 아파트(アパート)와 만숀(マンション)이 있는데, 아파트(アパート)의 경우는 2층 이내의 목조로 된 주거용 건물이며, 만숀(マンション)은 철근 콘크리트 구조의 3층 이상의 주거용 건물로써, 일본의 만숀은 우리나라의 아파트에 해당한다.

일본의 임대제도를 보면, 전세는 없으며, 월세는 야칭(家賃)이라고 하는데 월세가 대부분이다. 이사 시에는 집주인에게 레이킹(礼金:사례금)과 시키킹(敷金:보증금)을 준다. 레이킹은 집주인에 대한 사례금이며 보통 임대료 1~2개월치를 미리 내는 것이며 계약 만료 시 돌려받지 못한다. 시키킹은 보통 집세 1~2개월치를 보증금・수선비・청소비 등으로 미리 내는 것이며 계약 만료 시 잔액을 돌려받는다. 최근에는 레이킹 없이 시키킹만 있는 임대 주택이 많아지고 있다. 1인 주거 형태가 많기 때문에 1인용 스튜디오는 '6조'사이즈가 많다. 6조란 다다미(畳) 6장 만큼의 공간을 말하며, 다다미(畳) 한 장은 세로 1.8m(6자)×가로 0.9m(3자) 1.62제곱미터로 약 0.5평의 넓이로, 6조는 약 3평, 9.9평방미터이다.

〈일본 도쿄의 전철 노선도〉

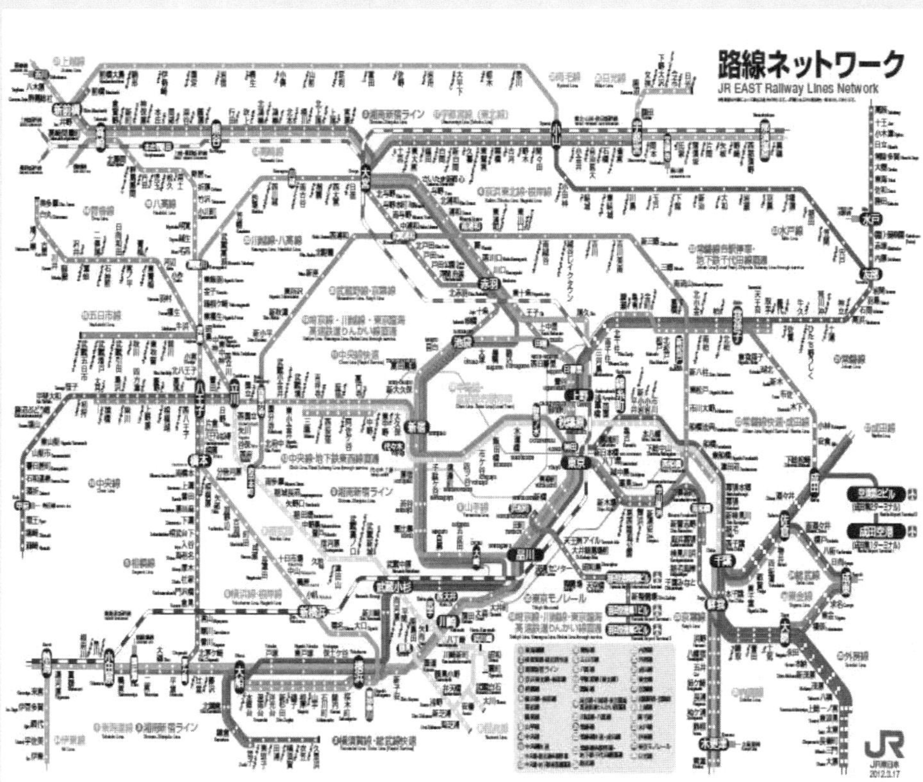

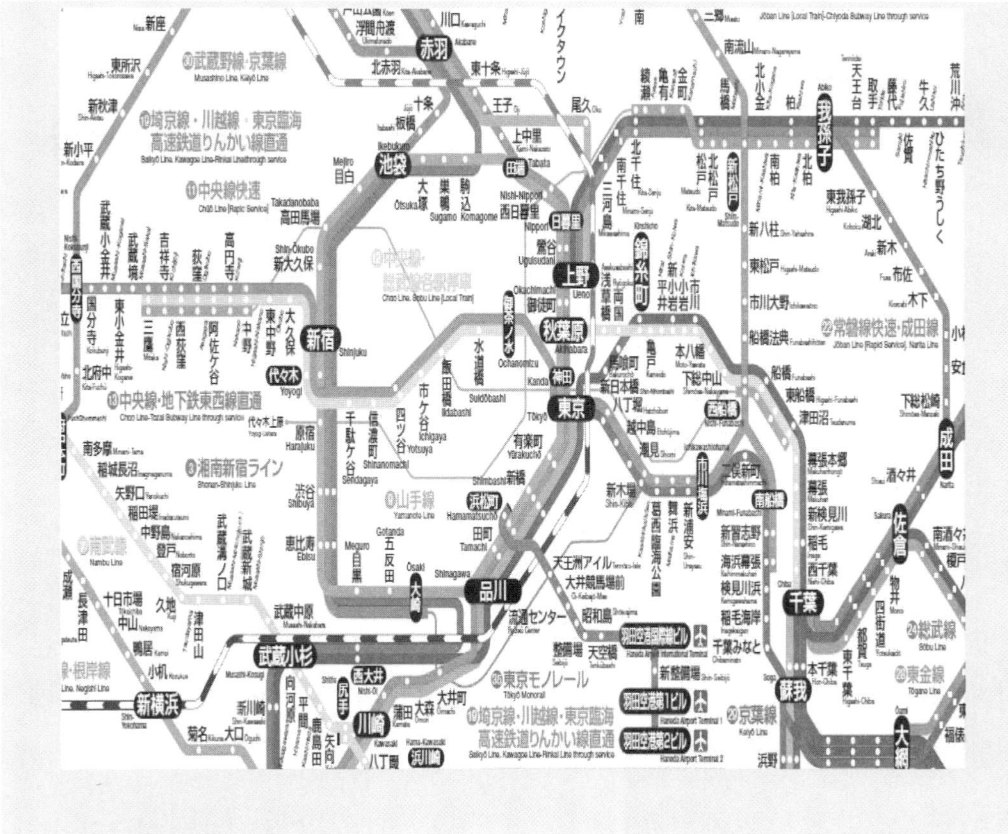
赤羽
池袋
新宿
代々木
上野
秋葉原
神田
東京
品川
大崎
武蔵小杉
新横浜
川崎
浜川崎
浜松町
錦糸町
新松戸
我孫子
成田
佐倉
千葉
蘇我
西船橋
南船橋
新木場
西国分寺
田端
日暮里
御茶ノ水
東京モノレール
山手線
中央線快速
中央線・地下鉄東西線直通
湘南新宿ライン
武蔵野線・京葉線
埼京線・川越線・東京臨海
高速鉄道りんかい線直通
常磐線快速・成田線
総武線
東金線
京葉線
羽田空港第1ビル
羽田空港第2ビル

Chapter 3. 조사 및 이, 그, 저, 어느, 무엇의 표현 연습

학습내용

1. 조사

우리말과 마찬가지로 일본어에는 다양한 조사가 있다. 일부 동사 앞에는 다른 조사가 오는 경우가 있기는 하나, 대부분 우리나라의 조사의 용법과 거의 비슷하게 쓰인다. 자주 쓰는 조사는 다음과 같다.

～は: ~은/는(주격 조사)　例) わたしは　かんこくじんです。저는 한국인입니다.
～が: ~이/가　例) かれが　にほんじんです。그가 일본인입니다.
～を: ~을/를(목적격 조사)　例) ほんを　ください。책을 주세요.
～も: ~도　例) かのじょも　かんこくじんです。그녀도 한국인입니다.
～の: ~의(소유격 조사)　例) わたしの　ほん 나의 책
～と: ~과/와　例) わたしと　あなた 나와 당신
～へ: ~에(방향성 동사 앞)　例) ソウルへ　いきます 서울에 갑니다.
～に: ~에　例) つくえに　あります。책상에 있습니다.
～で: ~에서, ~로　例) ソウルで、えんぴつで 서울에서, 연필로
～から: ~(에서)부터　例) ソウルから 서울에서부터, きょうから 오늘부터
～まで: ~까지　例) とうきょうまで 도쿄까지, あしたまで 내일까지

2. 이, 그, 저, 어느, 무엇

こ	そ	あ	ど
この 이	その 그	あの 저	どの 어느
これ 이 것	それ 그 것	あれ 저 것	どれ 어느 것
ここ 여기	そこ 거기	あそこ 저기	どこ 어디
こちら 이 쪽 こっち	そちら 그 쪽 そっち	あちら 저 쪽 あっち	どちら 어느 쪽 どっち

*ここ · そこ · あそこ · どこ의 정중한 표현 : こちら · そちら · あちら · どちら

*말하는 이에게 가까울 때는 これ, ここ, こちら로 칭하고, 상대방에게 가까운 것은 それ, そこ, そちら로 칭하며, 대화하는 모두에게서 먼 것은 あれ, あそこ, あちら로 칭한다.

A: これは　なんですか。　　이것은 무엇입니까?
B: それは　ほんです。　　그것은 책입니다.

A: ここは　どこですか。　　여기는 어디입니까?
B: ここは　ソウルです。　　여기는 서울입니다.

A: トイレは　どちらですか。　　화장실은 어디(어느쪽)입니까? (정중한 표현)
B: トイレは　あちらです。　　화장실은 저기(저쪽)입니다. (정중한 표현)

3. の의 3가지 용법

(1) 소유격

'~의'란 뜻으로 소유격 조사로 쓰인다.

わたしの　ほんです。　　나의 책입니다.
かのじょの　けいたいです。　　그녀의 휴대폰입니다.

(2) 명사와 명사 사이

우리말과 달리 일본어에서는 명사와 명사 사이, 앞의 명사가 뒤의 명사를 수식할 경우 の를 넣어 연결한다.

にほんごの　ほんです。	일본어 책입니다.
かんこくの　ソウルです。	한국 서울입니다.

(3) ~것

'~의 것'이란 뜻으로 쓰인다.

わたしのです。	나의 것입니다.
かれのです。	그의 것입니다.

단어

～は: ~은/는(주격 조사)
～が: ~이/가
～を: ~을/를(목적격 조사)
～の: ~의(소유격 조사)
～と: ~과/와
～へ: ~에(방향성 동사 앞)
～に: ~에
～で: ~에서, ~로
～から:~(에서)부터
～まで~까지
なん·なに　何　무엇
なんですか。　何ですか　무엇입니까?
だれ　誰　누구
どなた　何方　어느 분
ひと　人　사람
くに　国　나라/고향
しゅと　首都　수도
かんこく　韓国　한국
ソウル　서울
プサン　부산
ジェジュ　제주
にほん　日本　일본
とうきょう　東京　동경
おおさか　大阪　오오사카
きょうと　京都　교토
こうべ　神戸　고베
なごや　名古屋　나고야
さっぽろ　札幌　삿포로
おきなわ　沖縄　오키나와
ちゅうごく　中国　중국
ペキン　北京　북경
シャンハイ　上海　상해
アメリカ　미국
ニューヨーク　뉴욕
ワシントン　워싱턴
イギリス　영국
ロンドン　런던
フランス　프랑스
パリ　파리
ドイツ　독일
ベルリン　베를린
イタリア　이탈리아
ローマ　로마
ロシア　러시아
モスクワ　모스크바
つくえ　机　책상
いす　椅子　의자
ほん　本　책
えんぴつ　鉛筆　연필
けしゴム　지우개
ボルペン　볼펜
かばん　鞄　가방
ドア　문(door)
パソコン　컴퓨터
けいたいでんわ·ケータイ　핸드폰
がっこう　学校　학교
だいがく　大学　대학
きょうしつ　教室　교실
えき　駅　역
トイレ　화장실
ホテル　호텔
フロント　프론트
レストラン　레스토랑

회화

A: これは　なんですか。이것은 무엇입니까?
B: それは　えんぴつです。그것은 연필입니다.

A: それは　なんですか。그것은 무엇입니까?
B: これは　パソコンです。이것은 컴퓨터입니다.

A: あれは　なんですか。저것은 무엇입니까?
B: あれは　ドアです。저것은 문입니다.

A: ボルペンは　どれですか。볼펜은 어느 것입니까?
B: ボルペンは これです。볼펜은 이것입니다.

A: これも　ほんですか。이것도 책입니까?
B: はい、それも　ほんです。예, 그것도 책입니다.

A: えきは　どこですか。역은 어디입니까?
B: えきは　あそこです。역은 저기입니다.

A: トイレは　どちらですか。화장실은 어디입니까? (정중한 표현)
B: トイレは　あちらです。화장실은 저쪽입니다. (정중한 표현)

A: がっこうは　どちらですか。학교는 어디입니까?/어느 학교를 다닙니까? (정중한 표현)
B: がっこうは　さくらだいがくです。학교는 사쿠라 대학입니다.

A: だれですか。누굽니까?
B: わたしです。접니다.

A: どなたですか。 누구십니까?
B: キムせんせいです。김 선생님입니다.

A: かんこくの　しゅとは　どちらですか。한국의 수도는 어디입니까?
B: かんこくの　しゅとは　ソウルです。한국의 수도는 서울입니다.

<문제> problem

1. これは　なんですか。

2. それは　なんですか。

3. あれは　なんですか。

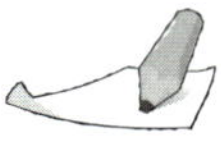 

4. トイレは　どちらですか。

5. だれですか。

6. にほんの　しゅとは　どちらですか。

7. ちゅうごくの　しゅとは　どちらですか。

8. アメリカの　しゅとは　どちらですか。

9. フランスの　しゅとは　どちらですか。

10. ロシアの　しゅとは　どちらですか。

정답

1. それは　(ほん・ボールペン)です。
2. これは　(つくえ・いす)です。
3. あれは　(えんぴつ・けしゴム)です。
4. トイレは(こちら・そちら・あちら)です。
5. (せんせい・ホテリア)です。
6. とうきょうです。
7. ペキンです。
8. ワシントンです。
9. パリです。
10. モスクワです。

부록 일본의 역사

- **죠몬시대(B.C.8000~)** 수렵문화, 빗살무늬 토기 출토
- **야요이시대(B.C.300~)** 농경생활 시작
- **야마토시대(A.D.300~)**
  - 백제가 왜왕에게 칠지도(七支刀)를 하사
  - 백제가 일본에게 불교를 전파
  - 성덕태자(聖德太子)가 17조헌법과 관위 12체계를 통해 국가제도를 정비
    *17조헌법의 제1조는 '화합은 가장 고귀하다. 따라서 모든 것은 대화로 정해야한다'로 현대 일본 관료제도의 출발점이 됨
  - 일본 고대 정치사상의 대개혁
  - 고대 동아시아 중앙집권국가 성립의 출발점
- **아스카시대(593~)**
  - 나라 지역 남쪽의 아스카(飛鳥) 지역을 기반으로 한 시대
  - 화려한 불교미술의 발달
- **나라시대(710~)**
  - 수도를 아스카(飛鳥)에서 이카루가(斑鳩: 지금의 나라)로 천도
  - 일본 최초의 역사서인 「고사기」 편찬
  - 「일본서기(日本書紀)」
  - 나라의 동대사(東大寺)의 대불(大仏) 완성
- **헤이안시대(794~)**
  - 교토(京都) 천도
  - 통일신라시대의 영향으로 불교 발달 및 불교미술 발달
  - 귀족문화의 시작
  - 여류문학 시작
- **가마쿠라시대(1192~)**
  - 가마쿠라(鎌倉) 막부
  - 일본 역사상 최초의 무신정권 시작
  - 조정과 막부가 동시에 존립
- **무로마치시대(1338~)**
  - 아시카가 다카우지(足利尊氏)가 무로마치(室町) 지역에 막부 설치
- **오오닌(應仁)의 난 발발 (~1477)** 1573 무로마치(室町) 막부 멸망

- **아즈치 모모야마시대(1573~)**
  - 노부나가(信長)와 히데요시(秀吉)가 실권을 잡았던 시대
  - 1592 풍신수길, 조선침략(임진왜란)
  - 1597 풍신수길, 재차 조선침략(정유재란)
- **에도시대(1603~)**
  - 1603 에도(江戸) 막부 설치
  - 1702 후지산 폭발
  - 1867 도쿠가와(德川)막부가 실질적인 정치권력 포기, 황실에 되돌려 줌
- **메이지시대(1868~)**
  - 1868 교토(京都)에서 도쿄로 천도
  - 1894 청·일전쟁 발발
  - 1902 일·영(日英)동맹
  - 1904 대(対) 러시아 선전포고
  - 1909 이등박문(伊藤博文) 하얼빈에서 암살
  - 1910 한국(대한제국)을 병합
- **다이쇼시대(1912~)**
  - 1912 메이지(明治)천황 사망, 다이쇼(大正)로 연호를 바꿈
  - 1914 대(対) 독일 선전포고
  - 1918 제1차 세계대전 종전
  - 1923 관동대지진
  - 1925 동경시내 순환전철(현재의 야마노테센) 개통
- **쇼와시대(1926~)**
  - 1926 다이쇼(大正)천황 사망, 쇼와(昭和) 천황 즉위
  - 1931 만주사변 발발
  - 1937 中·日전쟁 발발
  - 1941 일본군 진주만 공습, 태평양전쟁 발발
  - 1945 일본 항복
  - 1947 일본국 헌법 시행(5월 3일 헌법기념일)
  - 1964 제18회 동경올림픽 개최
  - 1965 한·일기본조약 성립
  - 1972 제11회 동계올림픽 삿포로에서 개최
  - 1989 쇼와(昭和)천황 사망
- **헤이세이시대(1989~현재)** 1989 새 연호 헤이세이(平成)(1월 8일부터)

Chapter

4. 숫자(한자어) 및 얼마입니까?

학습내용

1. 숫자(한자어)

우리말에서의 일, 이, 삼, 사, …처럼 한자어를 기반으로 한 숫자이며, 1,000단위로 넘어가면 일천, 일만 등으로 정확하게 읽는다.

단어

れい 0
いち 1
に 2
さん 3
し · よん 4
ご 5
ろく 6
しち · なな 7
はち 8
きゅう · く 9
じゅう 10

じゅういち 11
じゅうに 12
じゅうさん 13
じゅうよん 14
じゅうご 15
じゅうろく 16
じゅうしち · じゅうなな 17
じゅうはち 18
じゅうきゅう 19
にじゅう 20

じゅう 10
にじゅう 20
さんじゅう 30
よんじゅう 40
ごじゅう 50
ろくじゅう 60
ななじゅう 70
はちじゅう 80
きゅうじゅう 90

ひゃく 100
にひゃく 200
さんびゃく 300
よんひゃく 400
ごひゃく 500

ろっぴゃく 600
ななひゃく 700
はっぴゃく800
きゅうひゃく 900

いっせん 1000
にせん 2000
さんぜん 3000
よんせん 4000
ごせん 5000

ろっせん 6000
ななせん 7000
はっせん 8000
きゅうせん 9000

いちまん 10,000
じゅうまん 100,000
ひゃくまん 1,000,000
いっせんまん 10,000,000
いちおく 100,000,000

2. ～で, ～です　~이고, ~입니다.

두 문장을 연결하여 하나의 문장으로 이야기할 때 쓰는 표현이다. 예를 들어, これは100円です(이것은 100엔입니다)와 それは200円です(그것은 200엔입니다)의 두 문장을 하나로 연결하면, これは100円で、それは200円です(이것은 100엔이고, 그것은 200엔입니다)로 쓸 수 있다.

私は韓国人で、学生です。 나는 한국인이고, 학생입니다.

私は韓国人で、あなたは日本人です。나는 한국인이고, 당신은 일본인입니다.

단어

いくら　얼마
いくらですか　얼마입니까?
～ウォン　~원
えん　円　엔
ドル　달러
ください　下さい　주십시오/주세요
～と　~와/과
シャツ　셔츠
くつ　靴　구두
けしょうひん　化粧品　화장품
めがね　眼鏡　안경
コーヒー　커피
ジュース　주스
オレンジ-ジュース　오렌지주스
ラーメン　라면
うどん　우동
そば　蕎麦　메밀국수
すし　寿司　초밥
さしみ　刺身　회
どんかつ　豚カツ　돈가스
(お)みず　お水　마시는 물
(お)ちゃ　お茶　마시는 차
(お)さけ　お酒　술, 정종
ビール　맥주
ワイン　와인
ずつ　~씩

회화

A: いくらですか。　얼마입니까?
B: 3,000ウォンです。　3천원입니다.

A: この　シャツは　いくらですか。　이 셔츠는 얼마입니까?
B: 20,000ウォンです。　2만원입니다.

A: その　けしょうひんは　いくらですか。　그 화장품은 얼마입니까?
B: 40,000ウォンです。　4만원입니다.

A: あの　めがねは　いくらですか。　저 안경은 얼마입니까?
B: 100,000ウォンです。　10만원입니다.

A: コーヒーと　ジュースは　いくらですか。　커피와 주스는 얼마입니까?
B: コーヒーは　5000ウォンで、ジュースも　5000ウォンです。
커피는 5천원이고, 쥬스도 5천원입니다.
A: コーヒーを　ください。　커피를 주세요.

A: コーヒーと　ジュースは　いくらですか。　커피와 주스는 얼마입니까?
B: 5000ウォン　ずつです。　5천원씩입니다.
A: ジュースを　ください。　주스를 주세요.

<문제> problem

1. 다음 숫자를 보기처럼 쓰세요.

〈보기〉 5 ➡ ご

17 ➡	3,000 ➡
24 ➡	6,300 ➡
31 ➡	8,010 ➡
63 ➡	15,800 ➡
160 ➡	100,000 ➡
250 ➡	

2. 보기와 같이 써 보세요.

〈보기〉 めがね, 50,000ウォン ➡ A: めがねは　いくらですか。B: 50,000ウォンです。

化粧品(けしょうひん), 8,000ウォン	➡ A:	B:
シャツ, 15,000ウォン	➡ A:	B:
くつ, 30,000ウォン	➡ A:	B:
けいたい, 150,000ウォン	➡ A:	B:

정답

1.

17 ➡ じゅうなな	3,000 ➡ さんぜん
24 ➡ にじゅうよん	6,300 ➡ ろっせんさんびゃく
31 ➡ さんじゅういち	8,010 ➡ はっせんじゅう
63 ➡ ろくじゅうさん	15,800 ➡ いちまんごせんはっぴゃく
160 ➡ ひゃくろくじゅう	100,000 ➡ じゅうまん
250 ➡ にひゃくごじゅう	

2.

化粧品(けしょうひん), 8,000ウォン	➡ A: 化粧品(けしょうひん)は　いくらですか	B: 8,000ウォンです
シャツ, 15,000ウォン	➡ A: シャツは　いくらですか	B: 15,000ウォンです
くつ, 30,000ウォン	➡ A: くつは　いくらですか	B: 30,000ウォンです
けいたい, 1500,000ウォン	➡ A: けいたいは　いくらですか	B:150,000ウォンです

부록 일본의 화폐

일본의 통화 단위는 엔(¥)이다. 1, 5, 10, 50, 100, 500엔 동전이 있으며 1,000, 2,000, 5,000, 10,000엔 지폐가 있다. 2004년 11월에 신권이 발행되어 신·구 지폐가 함께 통용되고 있다. 신권 지폐를 기준으로 도안 및 인물을 소개하면 다음과 같다.

- **1엔**

어린 나뭇가지(若木: わかき) - 1950년대 중반 일반인을 대상으로 한 디자인 공모전에서 선정된 도안으로 일본이 무럭무럭 성장하기를 기원하는 의미가 담겨있다.

- **5엔**

벼이삭과 톱니바퀴, 바다 - 농업의 상징인 벼이삭과 공업의 상징인 톱니바퀴가 동전의 한가운데에 있는 구멍을 중심으로 그려져 있으며, 아래쪽의 물결은 수산업의 상징인 바다를 의미한다.

- **10엔**

평등원 봉황당 - 교토의 우지시에 있는 절로써, 헤이안 시대 말기 11세기의 건축물로 불상, 그림, 공원 등이 보존되어 있다.

- **50엔**

국화 キクの花 - 일본 황실 상징인 꽃. 메이지 시대부터 황실의 상징인 국화는 상업적으로 사용할 수 없도록 하였으며 지금까지 국화 문양은 상업적으로는 가급적 사용하지 않고 있다.

- **100엔**

벚꽃 - 일본 국민이 가장 사랑하는 꽃으로 국화(国花)로 지정된 바는 없다.
자생지는 제주도 한라산 주변이며, 도쿄를 중심으로 1900년대 초부터 많아졌다고 한다.

- **500엔**

오동나무 - 일본에서 구하기 힘들기 때문에 고급 목재로 여겨지며, 도요토미 히데요시 가문의 문장으로 사용되었다. 현재는 500엔 동전과 내각 총리대신의 문장으로 사용 중이다.

- **1000엔**

앞면: 노구치 히데요(野口英世, 1876.11.24~1928.5.21)
세균학자로, 후쿠시마현(福島県) 출생. 어릴 때 큰 화상을 입어 왼손이 불구가 되었다. 매독, 트라코마, 오로야 열(Oroya熱), 파상풍(破傷風), 황열병(黄熱病) 등의 연구에도 종사하였다.

뒷면: 후지산과 벚꽃

- **2000엔(2000년을 기념하여 2000년에 발행)**

앞면: 오키나와의 슈레이몬
오키나와의 나하 시에 있는 슈리성의 성문이다.

뒷면: 겐지 모노가타리 중 한 장면과 작가인 무라사키 시키부(紫式部)

- **5000엔**

앞면: 히구치 이치요(樋口一葉, 1872.5.2~1896.11.23)
일본 도쿄출신의 소설가이다. 대표작으로는 키재기, 흐린 강(江), 섣달 그믐날 등을 남기고 24세 나이에 요절하였다.

뒷면: 제비붓꽃(燕子花:カキツバタ)
에도시대의 화가인 오가타 고린(尾形光琳)의 작품

- **10000엔**

앞면: 후쿠자와 유키치(福沢諭吉, 1835.1.10~1901.2.3)
1858년 에도지역에 네덜란드어학교인 난학숙(蘭学塾)을 열고, 1868년 학숙 이전시 게이오기주쿠(慶応義塾)로 개칭하였는데, 이것이 오늘날 게이오 기술대학의 기원이 되었다.

뒷면: 봉황상
교토의 평등원에 있으며, 세계문화유산으로 지정되어 있다.

일본의 대중음식점, 편의점, 개인이 운영하는 상점 등에서는 종종 신용카드를 받고 있지 않고 현금거래만 하며, 특히 외국의 신용카드는 받지 않는 곳이 있다. 따라서 일본에서는 현금을 사용해야 하는 경우가 많으며, 동전의 사용량이 많기 때문에 여자용 지갑뿐만 아니라 남자용 지갑에도 동전을 넣을 수 있도록 디자인된 상품이 많다.

Chapter 5.

숫자(고유어) 및 몇개입니까?

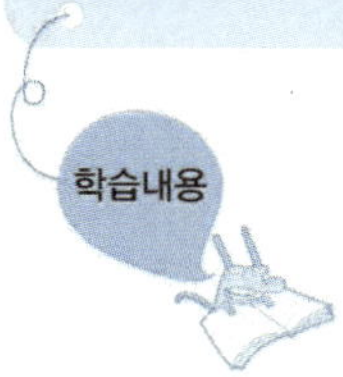

1. 숫자(고유어)

우리말에서의 하나, 둘, 셋, 넷, …처럼 고유어를 기반으로 한 숫자이며, 10단위가 넘어가면 한자어로 된 숫자로 읽는다.

ひとつ	하나	ななつ	일곱
ふたつ	둘	やっつ	여덟
みっつ	셋	ここのつ	아홉
よっつ	넷	とお	열
いつつ	다섯	じゅういち	열하나
むっつ	여섯		

2. ありますと います

'있습니다'라는 표현을 쓸 때, 주어가 식물, 무생물, 개념, 꿈, 장소 등일 경우에는 あります를 쓰고, 사람, 동물일 경우에는 います를 쓴다.

'없습니다'는 あります와 います의 부정형인 ありません과 いません으로 표현한다.

りんごが　あります。	사과가 있습니다.
彼(かれ)が　います。	그가 있습니다.
トイレは　二階(にかい)に　あります。	화장실은 2층에 있습니다.
りんごは　ありません。	사과는 없습니다.
彼(かれ)が　いません。	그가 없습니다.

3. 위/아래, 안/밖, 앞/뒤, 전/후

上(うえ) 위

中(なか) 가운데

下(した) 아래

内(うち) 안

外(そと) 밖

前(まえ) 전

後(うし)ろ 후(시간)

前(まえ) 앞

後(あと) 뒤(공간)

側(そば) 곁, 옆

隣(となり) 옆, 이웃

表(おもて) 물건의 앞면, 앞쪽

裏(うら) 물건의 뒷면, 뒤쪽

단어

いくつ　몇, 몇 개
いくつですか。 몇 개입니까?
りんご　사과
いちご　딸기
すいか　수박
バナナ　바나나
います　(사람/동물) 있습니다
あります　(식물/장소/꿈 등등) 있습니다
トイレ　화장실
フロント　프런트 데스크
ロービー　로비
レストラン　레스토랑
バー　바

ひとり　一人　일인/한 사람/혼자
ふたり　二人　이인/두 사람/둘
さんにん　三人　삼인/세 사람
よにん　四人　사인/네 사람
何人(なんにん)ですか。 몇 명입니까?
何名様(なんめいさま)ですか。몇 분이십니까?
おひとりさま 한 분
おふたりさま 두 분
ひとりで 혼자서
ふたりで 둘이서
~階　~かい　~층
何階　なんがい　몇 층冊(さつ)

一階 (いっかい)	二階 (にかい)	三階 (さんがい さんかい)	四階 (よんかい)	五階 (ごかい)
六階 (ろっかい)	七階 (ななかい)	八階 (はちかい はっかい)	九階 (きゅうかい)	十階 (じゅっかい じっかい)

~個 ~개
~枚 ~매, ~장 (종이, 접시 등등)
~台 ~대 (전자제품, 컴퓨터, 자동차 등등)

~本 ~자루, ~개, ~병 등등 (볼펜, 우산, 병 등등)
~人 ~인

	個(こ)	枚(まい)	台(だい)	本(ほん)	人(にん)
1	いっこ	いちまい	いちだい	いっぽん	いちにん
2	にこ	にまい	にだい	にほん	ににん
3	さんこ	さんまい	さんだい	さんぼん	さんにん
4	よんこ	よんまい	よんだい	よんほん	よにん
5	ごこ	ごまい	ごだい	ごほん	ごにん
6	ろっこ	ろくまい	ろくだい	ろっぽん	ろくにん
7	ななこ	ななまい	ななだい	ななほん	ななにん
8	はっこ	はちまい	はちだい	はちほん はっぽん	はちにん
9	きゅうこ	きゅうまい	きゅうだい	きゅうほん	きゅうにん
10	じゅっこ じっこ	じゅうまい	じゅうだい	じゅっぽん じっぽん	じゅうにん
何	なんこ	なんまい	なんだい	なんぼん	なんまい

上(うえ) 위
中(なか) 가운데
下(した) 아래
内(うち) 안
外(そと) 밖
前(まえ) 전
後(うし)ろ 후(시간)
前(まえ) 앞
後(あと) 뒤(공간)
側(そば) 곁, 옆

隣(となり) 옆, 이웃
表(おもて) 물건의 앞면, 앞쪽
裏(うら) 물건의 뒷면, 뒤쪽
犬(いぬ) 개
子犬(こいぬ) 강아지
猫(ねこ) 고양이
子猫(こねこ) 아기 고양이
鶏(とり) 닭
ひよこ 병아리

회화

A: すいかは　いくつですか。　　수박은 몇 개입니까?

B: すいかは　ひとつです。　　수박은 한 개(하나)입니다.

A: いちごは　いくつですか。　　딸기는 몇 개입니까?

B: いちごは　いつつです。　　딸기는 다섯 개(다섯)입니다.

A: りんごと　バナナは　いくつですか。　　사과와 바나나는 몇 개입니까?

B: りんごは　みっつで、バナナは　よっつです。

사과는 세 개(셋)이고, 바나나는 네 개(넷)입니다.

A: バナナが　いくつ　ありますか。　　바나나는 몇 개 있습니까?

B: バナナが　とお　あります。　　바나나는 열 개(열) 있습니다.

A: 何人(なんにん)ですか。　　몇 명입니까?

B: ふたりです。　　둘입니다.

A: 何名様(なんめいさま)ですか。　　몇 분이십니까?

B: 一人(ひとり)です。　　한 명입니다.

A: お一人様(ひとりさま)ですか。　　한 분이십니까?

A: トイレは　何階(なんがい)ですか　　화장실은 몇 층입니까?

B: 三階(さんがい)です。　　3층입니다.

A: トイレは　何階(なんがい)に　ありますか。　　화장실은 몇 층에 있습니까?

B: 四階(よんかい)に　あります。　　4층에 있습니다.

A: 彼(かれ)は　何階(なんがい)に　いますか。　　그는 몇 층에 있습니까?

B: 五階(ごかい)に　います。　　5층에 있습니다.

A: りんごは　どこに　ありますか。　　사과는 어디에 있습니까?

B: 机(つくえ)の上(うえ)に　あります。　　책상 위에 있습니다.

A: 猫(ねこ)は　どこに　いますか。　고양이는 어디에 있습니까?

B: 猫(ねこ)は　椅子(いす)の　上(うえ)に　います。　고양이는 의자 위에 있습니다.

A: 子犬(こいぬ)は　どこに　いますか。　강아지는 어디에 있습니까?

B: 子犬(こいぬ)は　机(つくえ)の　下(した)に　います。　강아지는 책상 위에 있습니다.

A: ひよこは　どこに　いますか。　병아리는 어디에 있습니까?

B: 鶏(とり)の　側(そば)に　います。　닭 옆에 있습니다.

<문제> problem

1. 보기와 같이 써보세요.

〈보기〉 すいか　1　→　すいかが　ひとつ　あります。

いちご　4　→
りんご　6　→
オレンジ　8　→
バナナ　10　→

2. 보기와 같이 써보세요.

〈보기〉 フロント, 五階(ごかい)　→　フロントは　五階(ごかい)です。

ロービー,　1階(いっかい)　→
トイレ,　2階(かい)　→
レストラン,　3階(かい)　→
バー,　10階(かい)　→

3. 보기와 같이 주문을 해 보세요.

〈보기〉 うどん/1　→　うどんを　ひとつ　ください。

そば, 2　→
ラーメン, 3　→
コーヒー, 1/ジュース, 2　→
とんかつ, 4/ビール, 4　→

정답

1. いちご　4　→ いちごが　よっつ　あります
りんご　6　→ りんごが　むっつ　あります
オレンジ　8　→ オレンジが　やっつ　あります
バナナ　10　→ バナナが　とお　あります

2. ロービー,　1階(かい)　→ ロービーは　1階(いっかい)です
トイレ,　2階(かい)　→ トイレは　2階(かい)です
レストラン, 3階(がい)　→ レストランは　3階(がい)です
バー,　10階(かい)　→ バーは　10階(かい)です

3. そば, 2　→ そばを　ふたつ　ください
ラーメン, 3　→ ラーメンをみっつ　ください
コーヒー, 1/ジュース, 2　→ コーヒーを　ひとつ、ジュースを　ふたつ　ください
とんかつ, 4/ビール, 4　→ とんかつと　ビールを　よっつ　ずつ　ください

부록

■ 도쿄도(東京都)와 도쿄 23구(東京23区), 그리고 전철 노선도

일본의 수도 도쿄는 예전의 도쿄 시였던 23개의 특별구와 그 주변의 26개 시(市), 5개의 쵸(町)쵸, 8개의 무라(村)를 합친 행정단위이다. 도쿄관광 시 자주 추천되는 신주쿠, 시부야, 오다이바 등이 바로 23개 특별구 내에 위치한다.

신주쿠(新宿)는 도쿄 23구 중 하나로, 도쿄 도청의 소재지이며, 신주쿠역을 중심으로 북쪽은 주택지, 남쪽과 동쪽은 쇼핑가 및 환락가, 서쪽은 관청 및 상업지구이다. 신주쿠 바로 옆의 신오쿠보(親大久保)는 한국인 밀집지역으로, 한국 음식점과 한국 물건을 파는 상점들이 즐비하다. 신주쿠역은 전철과 철도 7개 노선이 교차하기 때문에 복잡하기로 유명하다.

시부야(渋谷) 역시 도쿄 23구 중 하나로, 시부야역은 충견 하치코가 주인을 기다리던 장소로 유명하다. 시부야는 주변의 관광지로는 충견 하치코 상을 비롯하여, 메이지 신궁, 요요기공원, 하라주쿠, 오모테산도 등 과거와 현재가 이어지는 모습을 보여주고 있다.

오다이바(お台場)는, 레인보우 브릿지를 통해 건너가는 인공섬으로, 도쿄 중심부가 너무 복잡해지자 중심부의 역할을 나누어 할 수 있도록 만든 부도심이었다. 그러나 일본의 경기침체 및 고가의 교통왕복비 등으로 현재는 부도심의 역할보다는 관광지로 유명해졌다. 오다이바로 들어가는 대표적인 교통수단은 유리카모메(ゆりかもめ)라는 모노레일로써, 운전사 없이 컴퓨터 제어시스템으로 운행되는 무인 운행으로 유명하다. 오다이바 안에는 후지 텔레비전 방송국, 오오에도 온천, 덱스비치 도쿄 등 다양한 관광지 및 쇼핑가가 있다.

Chapter 6. 시간 및 날짜

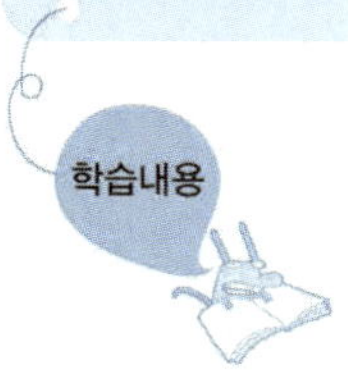

1. 시간, 몇 시 입니까?

단어

～じ　時　~시
～ふん　分　~분
はん　半　반(30분)
～まえ　前　전
ちょうど　꼭, 정확히, 딱
ごぜん　午前　오전
ごご　午後　오후
いちじ　1時　1시
にじ　2時 2시
さんじ　3時　3시
よじ　4時 4시
ごじ　5時 5시
ろくじ　6時　6시
しちじ　7時　7시
はちじ　8時　8시
くじ　9時 9시
じゅうじ　10時　10시
じゅういちじ　11時　11시
じゅうにじ　12時　12시
いっぷん　一分　1분
にふん　二分　2분
さんぷん　三分　3분
よんぷん　四分　4분
ごふん　五分　5분
ろっぷん　六分　6분
ななふん　七分　7분
はっぷん　八分　8분
きゅうふん　九分　9분
じゅっぷん　十分　10분
にじゅっぷん　二十分　20분
さんじゅっぷん　三十分　30분
よんじゅっぷん　四十分　40분
ごじゅっぷん　五十分　50분
ろくじゅっぷん　六十分　60분
びょう　秒　초
あさ　朝　아침
＊けさ　今朝　오늘 아침
ひる　昼　낮, 정오에 가까운 시각, 한낮
ゆうがた　夕方　해질녘, 저녁 때
ばん　晩　저녁, 밤
よる　夜　밤
よあけ　夜明け　새벽, 새벽녘
いま　今　지금
なんじですか　何時ですか　몇 시입니까?
授業(じゅぎょう)　수업
映画(えいが)　영화
銀行(ぎんこう)　은행
公園(こうえん)　공원

회화

A: 今(いま) 何時(なんじ)ですか。 지금 몇 시입니까?

B: 今(いま) 九時(くじ)です。지금 9시입니다.

A: 今(いま) 何時(なんじ)ですか。지금 몇 시입니까?

B: 今(いま) 午前(ごぜん) 七時(しちじ)です。지금 오전 7시입니다.

A: 今(いま) 何時(なんじ)ですか。지금 몇 시입니까?

B: 今(いま) 午後(ごご) 五時(ごじ)です。지금 오후 5시입니다.

A: 今(いま) 何時(なんじ)ですか。지금 몇 시입니까?

B: 今(いま) 午後(ごご) 五時(ごじ) 三十分(さんじゅっぷん)です。지금 오후 5시 30분입니다.

A: 今(いま) 何時(なんじ)ですか。지금 몇 시입니까?

B: 今(いま) 午後(ごご) 六時(ろくじ) 半(はん)です。지금 오후 6시 반입니다.

A: 今(いま) 何時(なんじ)ですか。지금 몇 시입니까?

B: 今(いま) 午前(ごぜん) 十時(じゅうじ) 五分(ごふん) 前(まえ)です。지금 오전 10시 5분 전입니다.

A: 今(いま) 何時(なんじ)ですか。지금 몇 시입니까?

B: 今(いま) ちょうど 午後(ごご) 四時(よじ)です。지금 오후 4시 정각입니다.

A: 授業(じゅぎょう)は 何時(なんじ)から 何時(なんじ)までですか。수업은 몇 시부터 몇 시까지 입니까?

B: 授業(じゅぎょう)は 九時(くじ)から 五時(ごじ)までです。수업은 9시부터 5시까지 입니다.

A: 映画(えいが)は 何時(なんじ)から 何時(なんじ)までですか。영화는 몇 시부터 몇 시까지 입니까?

B: 映画(えいが)は 午後(ごご) 八時(はちじ)から 十時(じゅうじ)までです。영화는 오후 8시부터 10시까지 입니다.

A: 銀行(ぎんこう)は　何時(なんじ)から　何時(なんじ)までですか。은행은 몇 시부터 몇 시까지 입니까?

B: 銀行(ぎんこう)は　午前(ごぜん) 9時(じ)から　午後(ごご) 四時(よじ)までです。

은행은 오전 9시부터 오후 4시까지 입니다.

A: 公園(こうえん)は　何時(なんじ)から　何時(なんじ)までですか。공원은 몇 시부터 몇 시까지 입니까?

B: 公園(こうえん)は　午前(ごぜん) 十時(じゅうじ)から　午後(ごご) 七時(しちじ)までです。

공원은 오전 10시부터 오후 7시까지 입니다.

2. 날짜, 언제입니까?

단어

いちがつ　一月　1월
にがつ　二月　2월
さんがつ　三月　3월
しがつ　四月　4월
ごがつ　五月　5월
ろくがつ　六月　6월
しちがつ　七月　7월
はちがつ　八月　8월
くがく　九月　9월
じゅうがつ　十月　10월
じゅういちがつ　十一月　11월
じゅうにがつ　十二月　12월

せんせんしゅう　先々週　지지난 주
らいしゅう　来週　다음 주
さらいしゅう　再来週　다다음 주
こんげつ　今月　이번 달
せんげつ　先月　지난 달
せんせんげつ　先先月　지지난 달
らいげつ　来月　다음 달
さらいげつ　再来月　다다음 달
ことし　今年　올 해
きょねん　去年　작년
らいねん　来年　내년
いつですか。　언제입니까?

일요일 にちようび	월요일 げつようび	화요일 かようび	수요일 すいようび	목요일 もくようび	금요일 きんようび	토요일 どようび
1일 ついたち	2일 ふつか	3일 みっか	4일 よっか	5일 いつか	6일 むいか	7일 なのか
8일 ようか	9일 ここのか	10일 とうか	11일 じゅういちにち	12일 じゅうににち	13일 じゅうさんにち	14일 じゅうよっか
15일 じゅうごにち	16일 じゅうろくにち	17일 じゅうしちにち	18일 じゅうはちにち	19일 じゅうくにち	20일 はつか	21일 にじゅういちにち
22일 にじゅうににち	23일 にじゅうさんにち	24일 にじゅうよっか	25일 にじゅうごにち	26일 にじゅうろくにち	27일 にじゅうしちにち	28일 にじゅうはちにち
29일 にじゅうくにち	30일 さんじゅうにち	31일 さんじゅういちにち				

きょう　今日　오늘
きのう　昨日　어제
おととい　一昨日　그저께
あした　明日　내일
あさって　明明後日　모레
こんじゅう　今週　이번 주
せんしゅう　先週　지난 주

たんじょうび　誕生日　생일
おたんじょうび　お誕生日　생신
～から　～まで　~부터 ~까지
なんがつ　何月　몇 월
なんにち　何日　며칠
なんようび　何曜日　무슨 요일
なんねんうまれ　何年生まれ　몇 년생

회화

A: 今日は何月何日ですか。	오늘은 몇 월 며칠입니까?
B: 今日は三月三日です。	오늘은 3월 3일입니다.
A: 今日は何曜日ですか。	오늘은 무슨 요일입니까?
B: 今日は水曜日です。	오늘은 수요일입니다.
A: 昨日は何曜日でしたか。	어제는 무슨 요일이었습니까?
B: 昨日は火曜日でした。	어제는 화요일이었습니다.
A: クリスマスは　いつですか。	크리스마스는 언제입니까?
B: 12月25日です。	12월 25일입니다.
A: お誕生日は　いつですか。	생신(생일)은 언제입니까?
B: 4月24日です。	4월 24일입니다.
A: 何年生まれですか。	몇 년생입니까?
B: 1996年生まれです。	1996년생입니다.

<문제> problem

1. 〈보기〉와 같이 써보세요.

〈보기〉 7:00 am (ちょうど) ➡ ちょうど　ごぜん　しちじです

10:30 am (はん) ➡
1:55 am (まえ) ➡
4:00 pm (ちょうど) ➡
9:50 pm (まえ) ➡

2. 〈보기〉와 같이 써보세요.

〈보기〉 5/5 ➡ ごがつ　いつかです。

1/1 ➡
4/3 ➡
6/4 ➡
8/8 ➡
10/20 ➡
12/24 ➡

3. 다음을 읽고 질문에 답하세요.

今日は　水曜日です。
明日は何曜日ですか。
昨日は何曜日でしたか。
明後日は何曜日ですか。
一昨日は何曜日でしたか。

정답

1. 10:30 am (はん) ➡ ごぜん　じゅうじ　はんです
1:55 am (まえ) ➡ ごぜん　にじ　ごふん　まえです
4:00 pm (ちょうど) ➡ ちょうど　ごご　よじです
9:50 pm (まえ) ➡ ごご　じゅうじ　じゅっぷん　まえです

2. 1/1 ➡ いちがつ　ついたちです
4/3 ➡ しがつ　みっかです
6/4 ➡ ろくがつ　よっかです
8/8 ➡ はちがつ　ようかです
10/20 ➡ じゅうがつ　はつかです
12/24 ➡ じゅにがつ　にじゅうよっかです。

3. 明日は何曜日ですか。 ➡ 木曜日です
昨日は何曜日でしたか。 ➡ 火曜日でした
明後日は何曜日ですか。 ➡ 金曜日です
一昨日は何曜日でしたか。 ➡ 月曜日でした

부록

■ 일본의 공휴일(15일)과 명절, 그리고 연휴

1월 1일 お正月(おしょうがつ)/元日(がんじつ): 설날

1월 둘째 월요일 成人のひ(せいじんの　ひ): 성인의 날

2월 11일 建国記念日(けんこくきねんび): 건국기념일

3월 20일(혹은 21일) 春分のひ(しゅんぶんの　ひ): 춘분절

4월 29일 昭和のひ(しょうわの　ひ): 쇼와의 날

5월 3일　憲法記念日(けんぽうきねんび): 헌법기념일

5월 4일　緑の日(みどりの　ひ): 식목일

5월 5일　子供の日(こどもの　ひ): 어린이 날

7월 셋째 월요일　海の日(うみの　ひ): 바다의 날

9월 셋째 월요일　敬老の日(けいろうの　ひ): 경로의 날

9월 23일(혹은 24일)　秋分のひ(しゅうぶんの　ひ): 추분절

10월 둘째 월요일　体育のひ(たいいくの　ひ): 체육의 날

11월 3일　文化の日(ぶんかの　ひ): 문화의 날

11월 23일　勤労感謝の日(きんろうかんしゃの　ひ): 근로 감사의 날

12월 23일　天皇誕生日(てんのうたんじょうび): 일왕 탄신일

■ 명절 및 풍습

• お正月**(1월 1일~3일)**

양력 1월 1일만 공휴일로 지정되어 있으나 1일~3일까지 쉬기도 한다. 이 기간에 절에 가서 한 해의 무사안녕을 기원하는 初詣(はつもうで)를 하며, 현관 혹은 문 앞에 두는 소나무 장식인 門松(かどまつ)와 신불(神仏)에게 올리는 층층이 쌓인 찹쌀떡인 鏡餅(かがみもち)로 새해를 맞이한다.

카도마츠

새해 음식으로는 온 가족이 같이 먹을 수 있는 많은 수의 도시락인 お節料理(おせちりょうり)를 미리 준비하여, 주부도 가족과 같이 쉬도록 하며, 세뱃돈인 お年玉(おとしだま)를 받는다.

카가미모찌

• 節分(せつぶん) **양력 2월 4일 경**

입춘 전날 밤, 나쁜 기운을 털어내고 복을 기원하는 豆まき(まめまき)를 한다. '귀신은 물러가고, 복은 들어와라'라고 외치며 집안 곳곳에 콩을 뿌리는데, 이 때 집의 주인이나 장남, 혹은 액년을 맞이한 사람이 귀신 가면을 쓰고 콩을 피해 다닌다.

• お彼岸(おひがん) **양력 3월 18일 경/9월 23일 경**

춘분과 추분 전후 3일씩 총 1주일로 1년에 2번 있다. 히간(彼岸)이란 불교 용어로써 죽은 자가 건너는 강 저쪽을 의미하는데 산자의 세계에서 죽은 자를 위로하는 기간으로 성묘를 한다. 그리고, 오하기(おはぎ)라고 하는 인절미와 비슷한 떡을 먹는다.

오하기

• 七夕(たなばた) **양력 7월 7일**

우리나라의 칠석날과 같은 행사이지만, 일본에서는 양력으로 치룬다. 그러나 일본에서도 제대로 된 칠석은 양력 8월 7일(음력 7월 7일 즈음)에 하는 곳도 많다. 가느다란 대나무에 색종이 고리를 달고, 소원을 적은 쪽지를 걸거나, '실'을 의미하는 국수를 먹는다.

• お盆(おぼん) **양력 8월 15일**

오봉은 음력 7월 15일을 중심으로 전후 3일 정도 기간 동안 성묘를 하며 조상을 기리는 불교행사이며, 동시에 성대한 불꽃놀이를 하는 여름 축제 기간이다. 또한 봉오도리(盆踊り)라고 하여 마을 전체가 모여 간단한 동작을 반복하며 춤을 추기도 하고 다양한 행사를 한다.

• 七五三 **양력 11월 15일**

세 살, 다섯 살, 일곱 살을 잘 넘긴 아이들을 축하하는 날로써, 이 나이의 어린이들을 데리고 신사에 가서 감사 인사를 올린다. 최근에는 세 번을 다 하지 않고, 남자 아이의 경우는 세 살, 다섯 살에 이 행사를 하며, 여자 어린이의 경우에는 세 살, 일곱 살에 이 행사를 치루기도 한다. 이 날에는 치토세 아메(千歳飴)라고 하여 장수를 기원하는 엿과 악귀를 물리친다는 팥밥(赤飯)을 먹는다.

• **연휴**

ゴールテン　ウイーク(golden week): 4월 29일 쇼와의 날, 5월 3일 헌법 기념일, 5월 4일 식목일, 5월 5일 어린이날 등의 공휴일이 연이어 있는 일본 최대의 황금 연휴

오봉: 양력 8월 15일을 전후로 한 약 일주일

- **일본의 띠(とし: 年)**

 쥐띠: ねずみ(鼠)どし

 소띠: うし(牛)どし

 호랑이띠: とら(虎)どし

 토끼띠: うさぎ(兎)どし

 용띠: たつ(竜)どし

 뱀띠: へび(蛇)どし

 말띠: うま(馬)どし

 양띠: ひつじ(羊)どし

 원숭이띠: さる(猿)どし

 닭띠: とり(鶏)どし

 개띠: いぬ(犬)どし

 돼지띠: いのしし(猪)どし

- **일본의 별자리**

 염소자리(12/22~1/19): 山羊座 やぎざ

 물병자리(1/20~2/18): みずがめざ(水瓶座)

 물고기자리(2/19~3/20): うおざ(魚座)

 양자리(3/21~4/19): ひつじざ(牡羊座)

 황소자리(4/20~5/20): おうしざ(牡牛座)

 쌍둥이자리(5/21~6/21): ふたござ(双子座)

 게자리(6/22~7/22): 蟹座　かにざ

 사자자리(7/23~8/22): 獅子座　ししざ

 처녀자리(8/23~9/22): 乙女座　おとめざ

 천칭자리(9/23~10/23): 天秤座　てんびんざ

 전갈자리(10/24~11/21): 蠍座　さそりざ

 사수자리(11/22~12/21): 射手座　いてざ

Chapter 7. 형용사

학습내용

일본어의 형용사에는 크게 い형용사와 な형용사가 있다.

い형용사는 끝 부분이 い로 끝나는 형용사로써, 일본 고유어가 많으며 훈독을 하는 경우가 많다. 한편 な형용사는 끝 부분이 な로 끝나는 형용사로써, 형용 동사라고 일컬어지기도 하는데, 한자어가 많고 음독을 하는 경우가 많다. 또한 외국어 뒤에 な를 붙여 형용사화 한다.

1. い형용사

(1) 기본형이 い로 끝나는 형용사로 일본 고유어가 많으며 훈독을 한다. 명사 앞에 올 때는 명사를 수식하며, 문장 끝에 올 때는 서술어의 기능이 있다.

예) 赤(あか)い　りんご 빨간 사과

りんごが　赤(あか)い 사과는 빨갛다

(2) 자주 쓰이는 い형용사

大(おお)きい(크다/큰) ⇔ 小(ちい)さい(작다/작은)

多(おお)い(많다/많은) ⇔ 少(すく)ない(적다/적은)

高(たか)い(높다/높은) ⇔ 低(ひく)い(낮다/낮은)

高(たか)い(비싸다/비싼) ⇔ 安(やす)い(싸다/싼)

広い(넓다/넓은) ⇔ 狭い(좁다/좁은)

長い (길다/긴) ⇔ 短い(짧다/짧은)

重い(무겁다/무거운) ⇔ 軽い(가볍다/가벼운)

難しい (어렵다/어려운) ⇔ 易しい(쉽다/쉬운)

暑い(덥다/더운) ⇔ 寒い(춥다/추운)

暖かい(따뜻하다/따뜻한) ⇔ 冷たい(차갑다/차가운)

美味しい(맛있다/맛있는) ⇔ まずい(맛없다, 서툴다/맛없는, 서툰)

良い(좋다/좋은) ⇔ 悪い(나쁘다/나쁜)

面白い(재미있다/재미있는) ⇔ つまらない(지루하다/지루한)

新しい (새롭다/새로운) ⇔ 古い(오래되다/오래된)

赤い 붉다/붉은

青い 파랗다/파란

白い 하얗다/하얀

黒い 검다/검은

甘い 달다/단

しょっぱい 짜다/짠

苦い 쓰다/쓴

すっぱい 시다/신

辛い 맵다/매운

*정중한 표현으로는 い 뒤에 です를 붙이면 된다.

예) おもしろい。　재미있다.

おもしろいです。　재미있습니다.

(3) い형용사의 활용

い형용사의 활용은 다음 표와 같다.

	긍정	부정
현재	~いです ~ㅂ/습니다	~くありません ~くないです ~지 않습니다
과거	~かったです ~았/었습니다	~くありませんでした ~くなかったです ~지 않았습니다

예) おいしいです　맛있습니다

おいしくありません　맛있지 않습니다

おいしかったです　맛있었습니다

おいしくありませんでした　맛있지 않았습니다

주의) いい의 변형은 같은 뜻의 단어인 よい를 기준으로 변형된다.

いいです　좋습니다

よくないです　좋지 않습니다

よかったです　좋았습니다

よくなかったです　좋지 않았습니다

(참고) い형용사의 기본형의 활용은 다음 표와 같다. 활용된 い형용사 뒤에 です를 붙이면 정중한 표현이 된다.

	긍정	부정
현재	~い ~다	~くない ~지 않다
과거	~かった ~았/었다	~くなかった ~지 않았다

(4) い형용사의 연결

2개 이상의 い형용사를 이어 한문장 안에서 쓰려면 い를 떼고, くて를 붙여주면 된다.

예) りんごは おいしいです/りんごは 赤(あか)いです

사과는 맛있습니다 /사과는 빨갛습니다

➡りんごは おいしくて 赤(あか)いです。 사과는 맛있고, 빨갛습니다

夏(なつ)は 暑(あつ)いです / 冬(ふゆ)は 寒(さむ)いです 여름은 덥습니다 / 겨울은 춥습니다

➡ 夏(なつ)は 暑(あつ)くて 冬(ふゆ)は 寒(さむ)いです。 여름은 덥고, 겨울은 춥습니다

단어

春(はる) 봄
夏(なつ) 여름
秋(あき) 가을
冬(ふゆ) 겨울
季節(きせつ) 계절
部屋(へや) 방
店(みせ) 가게, 상점
商品(しょうひん) 상품
荷物(にもつ) 짐
天気(てんき) 날씨
どうですか 어떻습니까?
化粧品(けしょうひん) 화장품
料理(りょうり) 요리
ちょっと 좀

회화

A: この　部屋(へや)は　広(ひろ)いですか。　이 방은 넓습니까?

B: はい、広(ひろ)いです。　예, 넓습니다.

A: その店(みせ)に　いい　商品(しょうひん)が　多(おお)いですか。그 가게는 좋은 상품이 많습니까?

B: はい、多(おお)いです。　예, 많습니다.

A: 荷物(にもつ)は　重(おも)いですか。　짐은 무겁습니까?

B: いいえ、　重(おも)くないです。　아니오, 무겁지 않습니다.

A: 昨日(きのう)の　天気(てんき)は　よかったですか。　어제 날씨는 좋았습니까?

B: はい、よかったです。　예, 좋았습니다.

A: 先週(せんしゅう)は　暑(あつ)かったですか　지난 주는 더웠습니까?

B: いいえ、暑(あつ)くなかったです。　아니오, 덥지 않았습니다.

A: 韓国(かんこく)の化粧品(けしょうひん)は　どうですか。　한국 화장품은 어떻습니까?

B: 安(やす)くて　いいです。　싸고 좋습니다.

A: 韓国料理(かんこくりょうり)は　辛(から)いですか。　한국 요리는 맵습니까?

B: ちょっと　辛(から)いです。　조금 맵습니다.

A: 昨日(きのう)の レストランは おいしかったですか。어제 레스토랑은 맛있었습니까?

B: いいえ、おいしくなくて　高(たか)かったです。아니오, 맛도 없고 비쌌습니다.

<문제> problem

1. 다음 형용사를 활용해 보세요.

いい

	긍정	부정
현재		
과거		

あおい

	긍정	부정
현재		
과거		

からい

	긍정	부정
현재		
과거		

あたたかい

	긍정	부정
현재		
과거		

2. 다음 문장을 만들어보세요.

넓고, 많습니다 ➡

작고, 좁습니다 ➡

좋고, 비쌉니다 ➡

높고, 큽니다 ➡

3. 다음 음식을 설명해 보세요.

キムチ

トッポッキ

ムル　ネンミョン

정답

1. いい

	긍정	부정
현재	いい	よくない
과거	よかった	よくなかった

あおい

	긍정	부정
현재	あおい	あおくない
과거	あおかった	あおくなかった

からい

	긍정	부정
현재	からい	からくない
과거	からかった	からくなかった

あたたかい

	긍정	부정
현재	あたたかい	あたたかくない
과거	あたたかかった	あたたかくなかった

2. 다음 문장을 만들어보세요.

넓고, 많습니다 ➡ 広(ひろ)くて 多(おお)いです

작고, 좁습니다 ➡ 小(ちい)さくて 狭(せま)いです

좋고, 비쌉니다 ➡ よくて 高(たか)いです

높고, 큽니다 ➡ 高(たか)くて 大(おお)きいです

3. キムチは 赤(あか)くて 辛(から)いです

トッポッキは 辛(から)くて 甘(あま)くて おいしいです

ムル ネンミョンは すっぱくて 冷(つめ)たいです。

2. な형용사

な형용사는 끝 부분이 な로 끝나는 형용사로써 형용 동사라고 일컬어지기도 하는데, 한자어가 많고 음독을 하는 경우가 많다. 또한 외국어 뒤에 な를 붙여 형용사화 한다.

(1) 기본형이 な로 끝나는 형용사로 한자어가 많으며 음독을 한다. 명사 앞에 올 때는 ~な의 형태로 오며 명사를 수식하고, 문장 끝에 올 때는 ~だ의 형태로 오며 서술어의 기능이 있다.

예) 便利(べんり)な　パソコン　　편리한 컴퓨터

　　パソコンは　便利(べんり)だ　컴퓨터는 편리하다

(2) 자주 쓰이는 な형용사

便利(べんり)な　편리한 / 便利(べんり)だ 편리하다

簡単(かんたん)な　간단한 / 簡単(かんたん)だ 간단하다

有名(ゆうめい)な　유명한 / 有名(ゆうめい)だ 유명하다

親切(しんせつ)な　친절한 / 親切(しんせつ)だ 친절하다

素的(すてき)な　멋있는, 훌륭한, 대단한 / 素的(すてき)だ 멋있다, 훌륭하다, 대단하다

奇麗(きれい)な　예쁜, 정갈한 / 奇麗(きれい)だ 예쁘다, 정갈하다

真面目(まじめ)な 성실한 / 真面目(まじめ)だ 성실하다

わがままな 버릇없는 / わがままだ 버릇없다

迷惑(めいわく)な 폐를 끼치는 / 迷惑(めいわく)だ 폐를 끼치다

平気(へいき)な 태연한 / 平気(へいき)だ 태연하다

暇(ひま)な　한가한 / 暇(ひま)だ 한가하다

静(しず)かな 조용한 / 静(しず)かだ 조용하다

にぎやかな 번화한, 북적이는 / にぎやかだ 번화하다, 북적이다

好(す)きな　좋아하는 / 好(す)きだ 좋아하다

嫌(いや)な　싫은 / 嫌(いや)だ 싫다

不思議(ふしぎ)な 이상한 / 不思議(ふしぎ)だ 이상하다

残念(ざんねん)な 유감인 / 残念(ざんねん)だ 유감이다

上手(じょうず)な　잘하는, 능숙한 / 上手(じょうず)だ 잘하다, 능숙하다

下手(へた)な　서툰 / 下手(へた)だ 서툴다

ハンサムな　핸섬한 / ハンサムだ 핸섬하다

カラフルな 컬러풀한 / カラフルだ 컬러풀하다

*정중한 표현으로는 な를 떼고 です를 붙이면 된다.

예) 便利(べんり)だ　재미있다

便利(べんり)です　재미있습니다

(3) な형용사의 활용(명사도 な형용사의 활용과 같다)

	긍정	부정
현재	~です ~ㅂ/합니다	~では(じゃ)ありません ~では(じゃ)ないです ~지 않습니다
과거	~でした ~았/었/했습니다	~では(じゃ)ありませんでした ~では(じゃ)なかったです ~지 않았습니다

예) 便利(べんり)です　편리합니다

便利(べんり)じゃありません　편리하지 않습니다

便利(べんり)でした　편리했습니다

便利(べんり)じゃありませんでした　편리하지 않았습니다

(참고) な형용사의 기본형의 활용은 다음 표와 같다.

	긍정	부정
현재	~だ ~다	~じゃない ~지 않다
과거	~だった ~았/었다	~じゃなかった ~지 않았다

예) 便利だ　　　　　　편리하다
　　便利じゃない　　　편리하지 않다
　　便利だった　　　　편리했다
　　便利じゃなかった　편리하지 않았다

(4) な형용사의 연결

2개 이상의 な형용사를 이어 한 문장 안에서 쓰려면 な를 떼고, で를 붙여주면 된다.

예) 彼女は 素的です / 彼女は 奇麗です　그녀는 훌륭합니다 / 그녀는 예쁩니다
　⇒ 彼女は 素的で 奇麗です　그녀는 훌륭하고 예쁩니다
　彼は ハンサムです / 彼女は 奇麗です　그는 핸섬합니다/그녀는 예쁩니다
　⇒ 彼はハンサムで 彼女は 奇麗です　그는 핸섬하고, 그녀는 예쁩니다

단어

スーツ　수트
シャツ　셔츠
ブラウス　블라우스
スカート　스커트
ズボン　바지
コート　코트
ネクタイ　넥타이
ベルト　벨트
ハンカチ　손수건
マフラー　머플러
帽子　모자
手袋　장갑
靴下　양말
下着　속옷
そうです　그렇습니다
そうですか　그렇습니까
そうですね　그렇군요, 그렇네요
~が　~만 (그러나, 하지만 등의 역접 접속사)
~けど　~만(에둘러서 말하는 느낌)
町　도시, 거리
村　마을, 시골, 촌락
明洞(ミョンドン)　명동
北村(ブッチョン)　북촌
三清洞 (サムチョンドン)　삼청동
光化門 (クァンファムン)　광화문
清渓川 (チョンゲチョン)　청계천
春川(チュンチョン)
こんな　이런
そんな　그런
あんな　저런
どんな　어떤
料理　요리
野菜　채소
果物　과일
韓国料理　한국음식
中華料理　중국음식, 중화요리
何でも　무엇이든

회화

A: 素的(すてき)な　スーツですね。　멋진 수트네요.

B: そうですか。ありがとうございます。　그렇습니까? 감사합니다.

A: あの　人(ひと)は　日本語(にほんご)が　上手(じょうず)です。　저 사람은 일본어를 잘합니다.

B: そうですね。　그렇군요.

A: 私(わたし)は　野菜(やさい)が　好(す)きです。　저는 채소를 좋아합니다.

B: 私(わたし)も　そうです。　저도 그렇습니다.

A: どんな　料理(りょうり)が　好(す)きですか。　어떤 요리를 좋아합니까?

B: 私(わたし)は　中華料理(ちゅうかりょうり)が　好(す)きです。　저는 중화요리를 좋아합니다.

A: どんな　料理(りょうり)が　好(す)きですか。　어떤 요리를 좋아합니까?

B: 何(なん)でも　好(す)きです。　무엇이든지 좋아합니다.

A: ミョンドンは　どんな　町(まち)ですか。　명동은 어떤 거리입니까?

B: 有名(ゆうめい)で　にぎやかな　町(まち)です。　유명하고 북적이는 거리입니다.

A: ブッチョンは　どんな　町(まち)ですか。　북촌은 어떤 거리입니까?

B: 静(しず)かで　奇麗(きれい)な　町(まち)です。　조용하고 깨끗한 거리입니다.

A: サムチョンドンは　どんな　町(まち)でしたか。　삼청동은 어떤 거리였습니까?

B: 静(しず)かな　町(まち)でしたが、今(いま)は　にぎやかです。　조용한 거리였습니다만, 지금은 북적입니다.

A: あの　ひとは　どんな　人(ひと)ですか。　저 사람은 어떤 사람입니까?

B: 真面目(まじめ)で　素的(すてき)な　人(ひと)です。　성실하고 훌륭한 사람입니다.

A: あの　ひとは　どんな　人(ひと)でしたか。　저 사람은 어떤 사람이었습니까?

B: わがままで　迷惑(めいわく)な　人(ひと)でした。　버릇없고 폐를 끼치는 사람이었습니다.

<문제> problem

1. 다음 형용사를 활용해 보세요.

きれいな

	긍정	부정
현재		
과거		

ハンサムな

	긍정	부정
현재		
과거		

好(す)きな

	긍정	부정
현재		
과거		

迷惑(めいわく)な

	긍정	부정
현재		
과거		

2. 다음 문장을 만들어 보세요.

깨끗하고 유명합니다 ➡

간단하고 편리합니다 ➡

친절하고 능숙합니다 ➡

성실하고 훌륭합니다 ➡

3. 다음 장소에 대해 い형용사와 な형용사를 활용하여 설명해 보세요.

光化門(クァンファムン)

清渓川(チョンゲチョン)

春川(チュンチョン)

정답

1. 다음 형용사를 활용해 보세요.

きれいな

	긍정	부정
현재	きれいです	きれいじゃありません
과거	きれいでした	きれいじゃありませんでした

ハンサムな

	긍정	부정
현재	ハンサムです	ハンサムじゃありません
과거	ハンサムでした	ハンサムじゃありませんでした

好きな

	긍정	부정
현재	好きです	好きじゃありません
과거	好きでした	好きじゃありませんでした

迷惑な

	긍정	부정
현재	迷惑です	迷惑じゃありません
과거	迷惑でした	迷惑じゃありませんでした

2. 다음 문장을 만들어보세요.

깨끗하고 유명합니다 ➡ きれいで　有名です

간단하고 편리합니다 ➡ 簡単で　便利です

친절하고 능숙합니다 ➡ 親切で　上手です

성실하고 훌륭합니다 ➡ 真面目で　素的です

3. 다음 장소에 대해 い 형용사와 な 형용사를 활용하여 설명해 보세요.

光化門（クァンファムン）広くて　大きくて　素的です

清渓川（チョンゲチョン）新しくて　にぎやかです

春川（チュンチョン）静かで　奇麗です

부록

■ 일본의 온천

화산 지대가 많은 일본에는 약 2,000곳 이상의 온천이 있다. 이 중 온천수의 온도가 43도 이상인 고온천이 많으며, 온천법 상 '25도 이상이거나 온천의 용해물질 중 한 종류가 규정량 이상 함유하는 물이 온천'이라고 규정하고 있다.

일본의 3대 온천은 고베(神戸)의 아리마(有馬) 온천, 기이(紀伊)의 시라하마(白浜) 온천, 마츠야마(松山)의 도고(道後) 온천을 들 수 있다. 그 이외에도 가고시마(鹿児島)현의 이부스키(指宿)에서는 온천 열로 뜨거워진 모래로 찜질을 하는 스나부로(砂風呂)로 유명하다.

일본의 온천 문화는 탕 속에 들어가는 것 자체를 즐기며, 가벼운 샤워만 할 뿐 때를 밀지 않는다. 온천이 끝난 후에는 수건으로 닦지 않고, 자연풍에 말린 후 옷을 입는다. 하루에 서너번 입욕하며, 실외에 설치된 노천탕(露天風呂)이 유명하다.

온천지에서는 일본식 목욕 가운인 유카타(浴衣)를 입고 호텔이나 여관 밖으로 나가도 괜찮으며, 남탕과 여탕이 매일 바뀌는 특징이 있다. 이는 양쪽의 온천 시설을 보여주어 입욕 횟수를 늘리기 위함이라는 이야기도 있지만, 남녀의 기운을 교환하여 한곳에 머물지 않도록 하기 위함이라는 설도 있다.

나무로 된 쟁반에 정종 병과 술잔을 올려 온천 물 위에 띄운 후 느긋하게 마시며 즐기는 온천은 일본관광에서 빼놓을 수 없는 재미이다.

Chapter
8. 동사

학습내용

일본어의 동사는 1그룹동사, 2그룹동사, 3그룹동사(변격동사)의 세 종류가 있으며, 동사 원형의 끝부분이 모두 /u/단으로 끝난다. 1그룹동사, 2그룹동사는 규칙적으로 변하고, 3그룹동사(변격동사)는 불규칙적으로 변한다.

동사활용에는 기본적으로 ～ます、～ません、～ました、～ませんでした가 있다.

1. 동사활용

～ます는 ~ㅂ/습니다의 의미로 정중한 표현이다.

(1) 1그룹동사

동사원형의 끝부분이 /u/로 끝나는 동사 및 ～る 앞의 모음이 /a/, /o/, /u/인 동사는, 동사 끝부분의 [u]를 [i]단으로 바꾼 후 ～ます를 붙이면 된다.

～う：かう(買う) ➡ かいます(買います)
　　　사다 　　　　　　삽니다
～つ：まつ(待つ) ➡ まちます(待ちます)
　　　기다리다 　　　　기다립니다
～る：わかる(分かる) ➡ わかります(分かります)
　　　알다 　　　　　　압니다
～く：かく(書く) ➡ かきます(書きます)
　　　쓰다 　　　　　　씁니다

～ぐ：およぐ(泳ぐ) ➡ およぎます(泳ぎます)
헤엄치다 헤엄칩니다

～む：すむ(住む) ➡ すみます(住みます)
살다 삽니다

～ぶ：よぶ(呼ぶ) ➡ よびます(呼びます)
부르다 부릅니다

～ぬ：ぬぐ(ぬぐ) ➡ ぬぎます(脱ぎます)
벗다 벗습니다

～す：かす(貸す) ➡ かします(貸します)
빌려주다 빌려줍니다

(참고) 예외 5단동사

형태는 2그룹 동사이지만, 활용은 1그룹 동사와 같이 한다.

예) 帰(かえ)る　帰(かえ)ります　帰(かえ)りません
知(し)る　知(し)ります　知(し)りません

(2) 2그룹동사

동사원형의 끝부분 る 앞에 오는 발음의 모음이 /e/ 혹은 /i/인 동사는, 동사 끝부분의 る만 떼고, ～ます를 붙이면 된다.

たべる ➡ たべます(食(た)べます)
먹다 먹습니다

*る앞의 べ는 [be]로 발음하므로, /e/에 해당된다.

みる ➡ みます(見(み)ます)
보다 봅니다

*る앞의 み는 [mi]로 발음하므로, /i/에 해당된다.

(3) 3그룹동사(변격동사)

위의 규칙에서 벗어나는 동사이다.

する ➡ します
하다 합니다

くる ➡ きます(来ます)
오다 　 옵니다

* する 동사는 앞에 명사가 오면 다양한 의미로 쓰여질 수 있다.

電話する 전화하다
約束する 약속하다
出発する 출발하다

	긍정	부정
현재	~ます ~ㅂ/습니다	~ません ~지 않습니다
과거	~ました ~았/었습니다	~ませんでした ~지 않았습니다

예) 1그룹동사

行きます 갑니다
行きません 가지 않습니다
行きました 갔습니다
行きませんでした 가지 않았습니다

2그룹동사

食べます 먹습니다
食べません 먹지 않습니다
食べました 먹었습니다
食べませんでした 먹지 않았습니다

3그룹동사

します 합니다
しません 하지 않습니다
しました 했습니다
しませんでした 하지 않았습니다

2. 동사 원형의 수식 기능

동사 원형이 명사 앞에 오면 명사를 수식하는 기능을 한다.

예) 行く予定です 갈 예정입니다

食べるつもりです 먹을 생각입니다

3. ます의 활용

~ますか ㅂ/습니까?

~ませんか ~지 않겠습니까?/않을래요?

~ましょう ㅂ/읍시다

~ましょうか ~ㄹ/을까요?

예)	行きますか	갑니까?
	行きませんか	가지 않을래요?
	行きましょう	갑시다
	行きましょうか	갈까요?

4. ます형을 이용한 다양한 표현

동사변형 ~ます에서 ます를 제외한 앞부분만을 ます형이라고 한다.

(1) ます형 ＋ たい(です)

'~고 싶(습니)다'란 표현으로 い형용사의 변형과 같이 변한다.

예 1)	行く	行きます	行きたい	行きたいです
	가다	갑니다	가고 싶다	가고 싶습니다
	食べる	食べます	食べたい	食べたいです
	먹다	먹습니다	먹고 싶다	먹고 싶습니다
	する	します	したい	したいです
	하다	합니다	하고 싶다	하고 싶습니다

예 2) 뒤에 です를 붙이면 정중한 표현이 된다.

行きたい	行きたくない	行きたかった	行きたくなかった
가고 싶다	가고 싶지 않다	가고 싶었다	가고 싶지 않았다
食べたい	食べたくない	食べたかった	食べたくなかった
먹고 싶다	먹고 싶지 않다	먹고 싶었다	먹고 싶지 않았다

したいです	したくないです	したかったです
하고 싶습니다	하고 싶지 않습니다	하고 싶었습니다
したくなかったです		
하고 싶지 않았습니다		

(2) ます형 + に 行きます/来ます

~(으)러 갑니다/옵니다의 표현 또한 ます형을 이용하여 만든다.

会う	会います	会いに 行きます
만나다	만납니다	만나러 갑니다
見る	見ます	見に 行きます
보다	봅니다	보러 갑니다
する	します	しに 来ます
하다	합니다	하러 옵니다

단어

予定 예정
つもり 생각, 작정, 의도
毎日 매일
毎朝 매일 아침
起きる 일어나다
朝ごはん 아침밥
昼ごはん 점심밥
晩ごはん 저녁밥
牛乳 우유
ミルク 밀크
パン 빵
帰る 돌아가다
食事する 식사하다
いつも 항상
よく 자주
時々 가끔
たまに 간혹
あまり 좀처럼(부정문에서만 쓰임)
全然 전혀(부정문에서만 쓰임)

회화

A: 朝　何時に　起きますか。	아침 몇 시에 일어납니까?
B: 毎朝　7時に　起きます。	매일 아침 7시에 일어납니다.
A: 朝ごはんは　何を　食べますか。	아침밥은 무엇을 먹습니까?
B: パンと　牛乳を　食べます。	빵과 우유를 먹습니다.
A: 毎朝　何時に　学校へ　行きますか。	매일 아침 몇 시에 학교에 갑니까?
B: 午前　9時に　行きます。	오전 9시에 갑니다.
A: 何時に　家へ　帰りますか。	몇 시에 집에 돌아갑니까?
B: 5時に　帰ります。	5시에 돌아갑니다.
A: 今週の　週末は　何を　しますか。	이번 주 주말에 무엇을 합니까?
B: 映画を　見る　つもりです。	영화를 볼 생각입니다.
A: 映画を　よく　見ますか。	영화를 자주 봅니까?
B: いいえ、たまに　見ます。	아니오, 가끔 봅니다.
A: 映画を　時々(どき)　見ますか。	영화를 가끔 봅니까?
B: いいえ、あまり　見ません。	아니오, 좀처럼 보지 않습니다.
A: ロシア語を　分かりますか。	러시아어를 압니까?
B: いいえ、全然　分かりません。	아니오, 전혀 모릅니다.
A: 映画を　見に　行きませんか。	영화를 보러 가지 않겠습니까?
B: はい、行きましょう。	예, 갑시다.

A: ビールを　飲みに　行きませんか。	맥주를 마시러 가지 않겠습니까?
B: 今日は　ちょっと。。。	오늘은 좀…
A: 何か　食べに　行きませんか。	뭔가 먹으러 가지 않겠습니까?
B: はい、何か　食べたいです。	예, 뭔가 먹고 싶습니다.

<문제> problem

1. 다음 동사를 활용해 보세요.

分(わ)かる: 알다	긍정	부정
현재		
과거		

見(み)る: 보다	긍정	부정
현재		
과거		

する: 하다	긍정	부정
현재		
과거		

来(く)る: 오다	긍정	부정
현재		
과거		

2. '~고 싶습니다'의 표현을 다음 동사를 활용하여 만들어 보세요.

会(あ)う ➡

泳(およ)ぐ ➡

飲(の)む ➡

食(た)べる ➡

3. '~러 갑니다'의 표현을 다음 동사를 활용하여 만들어 보세요.

会(あ)う ➡

泳(およ)ぐ ➡

飲(の)む ➡

食(た)べる ➡

정답

1.

分かる: 알다	긍정	부정
현재	わかります	わかりません
과거	わかりました	わかりませんでした

見る: 보다	긍정	부정
현재	みます	みません
과거	みました	みませんでした

する: 하다	긍정	부정
현재	します	しません
과거	しました	しませんでした

来る: 오다	긍정	부정
현재	きます	きません
과거	きました	きませんでした

2. '~고 싶습니다'의 표현을 다음 동사를 활용하여 보세요.

会う ➡ 会いたいです
泳ぐ ➡ 泳ぎたいです
飲む ➡ 飲みたいです
食べる ➡ 食べたいです

3. '~러 갑니다'의 표현을 다음 동사를 활용하여 만들어 보세요.

会う ➡ 会いに 行きます
泳ぐ ➡ 泳ぎに 行きます
飲む ➡ 飲みに 行きます
食べる ➡ 食べに 行きます

부록

■ 일본의 선물 문화 및 오미야게(お土産)

일본은 선물문화가 발달하여, 선물뿐만 아니라 포장에도 매우 신경을 쓴다. 한여름, 연말, 연시 등등 명절에 선물을 주고 받으며, 받은 선물의 반 정도를 다시 선물로 돌려주는 관습이 있다.

일본인에게 선물을 할 때 특별히 주의해야 하는 것은 다음과 같다.

짝을 이루는 물건은 행운을 가져다 준다고 여기기 때문에 짝을 이룬 세트선물을 좋아하지만 4개는 '죽음'을 연상시키기 때문에 피해야 한다.

일본은 신분 혹은 지위에 엄격하기 때문에, 어떤 선물을 해야 할지 애매할 경우에는 골동품을 선물하는 것이 좋다.

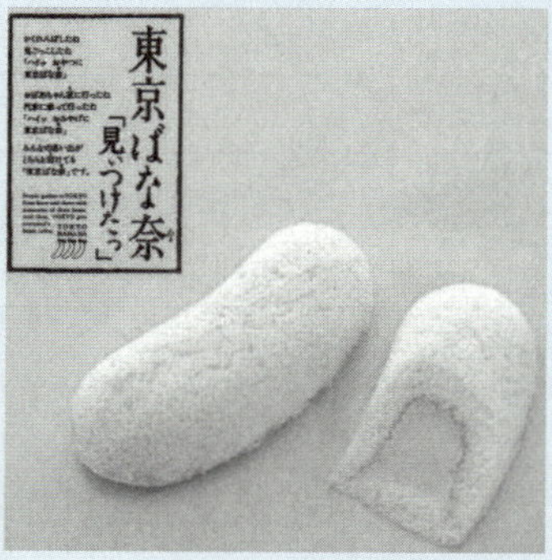

흰 종이로 포장하면 안 되고, 흰 꽃도 선물해서는 안 되며, 빗은 일본어에서 괴롭게 죽는다는 뜻의 단어와 발음이 같기 때문에 선물하지 않는다.

병원에 병문안을 갈 때는 뿌리가 없는 꽃다발이 좋으며, 뿌리가 있는 화분은 병원에 뿌리를 내리 듯이 계속 있을 수도 있다는 우려 때문에 선물하지 않는다.

초대를 받아 일본인의 집에 갈 때는 작은 꽃다발이 좋으며, 한국산 상품 중에는 김, 소주, 참기름, 송이버섯 등을 선호하며, 인삼이나 홍삼제품은 쓴 맛과 독특한 향, 그리고 체질에 맞지 않는 사람들이 있기 때문에 선호되지 않는다.

오미야게는 일본인들의 대표적인 선물 문화로써, 옛날 신사참배를 다녀온 사람들이 집에 있는 사람들에게 신의 축복을 나눠주기 위해 사다 준 물건에서 유래했다는 설과, 섬이기 때문에 섭취 가능한 영양소가 한정되다보니 타 지역에 나간 사람이 타 지역의 음식을 사서 돌아와 나눠 먹음으로써 부족한 영양소를 섭취했다는 설이 있다.

유명한 일본의 오미야게로는 도쿄 바나나, 긴자 이치고, 히요코 만주, 분메이도 카스텔라 등이 있다.

Chapter 9. 동사의 て형

학습내용

~고, ~서, ~여 등의 의미로써, 한 문장에 동사가 둘 이상 들어갈 때나 두 문장을 하나로 합칠 때 쓰인다.

1. 동사의 て형

(1) 1그룹 동사

동사의 원형이 う、つ、る로 끝나는 동사는 끝부분의 う、つ、る를, ～って로 활용한다.

～う：かう(買う) ➡ かって(買って) 사고, 사서, 사

～つ：まつ(待つ) ➡ まって(待って) 기다리고, 기다려서, 기다려

～る：がんばる(頑張る) ➡ がんばって(頑張って) (끝까지) 노력하여, 노력해서, 노력해

동사의 원형이 く、ぐ로 끝나는 동사는 끝부분의 く、ぐ를 ～いて、～いで로 활용한다.

～く：かく(書く) ➡ かいて(書いて) 쓰고, 써서, 써

～ぐ：およぐ(泳ぐ) ➡ およいで(泳いで) 헤엄치고, 헤엄쳐서, 헤엄쳐

*いく(行く)는 いって(行って)임을 주의한다.

동사의 원형이 む、ぶ、ぬ로 끝나는 동사는 끝부분의 む、ぶ、ぬ를 ～んで로 활용한다.

～む：すむ(住む) ➡ すんで(住んで) 살고, 살아서, 살아

～ぶ：よぶ(呼ぶ) ➡ よんで(呼んで) 부르고, 불러서, 불러

～ぬ：すぬ死ぬ ➡ しんで(死んで) 죽고, 죽어서, 죽어

동사의 원형이 す로 끝나는 동사는 끝부분의 す를 して로 활용한다.

～す：かす(貸す) ➡ かして(貸して) 빌려주고, 빌려줘서, 빌려줘

(2) 2그룹 동사

동사원형의 끝부분 る 앞에 오는 발음의 모음이 /e/ 혹은 /i/인 동사는 동사 끝부분의 る를 떼고, ～て를 붙이면 된다.

たべる(食べる) ➡ たべて(食べて) 먹고, 먹어서, 먹어

*る앞의 べ는 [be]로 발음하므로, /e/에 해당된다.

みる(見る) ➡ みて(見て) 보고, 봐서, 봐

*る앞의 み는 [mi]로 발음하므로, /i/에 해당된다.

(3) 불규칙 동사

위의 규칙에서 벗어나는 동사이다.

する ➡ して 하고, 해서, 하여

くる(来る) ➡ きて(来て) 오고, 와서, 와

2. て형을 이용한 많이 쓰는 표현

(1) ～て　ください ~어/여 주세요

いう(言う)　➡ いって　ください 말해 주세요

まつ(待つ)　➡ まって　ください 기다려 주세요

がんばる(頑張る) ➡ がんばって　ください 힘내세요, (끝까지) 노력하세요

かく(書く)　➡ かいて　ください 써주세요

およぐ(泳ぐ) ➡ およいで　ください 헤엄치세요

よむ(読む)　➡ よんで　ください 읽어 주세요

よぶ(呼ぶ)　➡ よんで　ください 불러 주세요

かす(貸す)　➡ かして　ください 빌려 주세요

たすける(助ける) ➡ たすけて　ください 도와 주세요

みる(見る)　➡ みて　ください 보세요

する　し　➡ て　ください 해주세요

くる(来る)　➡ きて　ください 와주세요

*たべて　みて　ください。먹어보세요

して　おいて　ください。해두세요

(2) ～て　います ~고 있습니다.

いう(言う) ➡ いって　います 말하고 있습니다

まつ(待つ) ➡ まって　います 기다리고 있습니다

ふる(降る) ➡ ふって　います 내리고 있습니다

かく(書く) ➡ かいて　います 쓰고 있습니다

およぐ(泳ぐ) ➡ およいで　います 헤엄치고 있습니다

よむ(読む) ➡ よんで　います 읽고 있습니다

よぶ(呼ぶ) ➡ よんで　います 부르고 있습니다

たべる(食べる) ➡ たべて　います 먹고 있습니다

みる(見る) ➡ みて　います 보고 있습니다

する ⇒して　います 하고 있습니다

くる(来る) ➡ きて　います 오고 있습니다

3. 동사의 た형

(1) 1그룹 동사

동사의 원형이 う、つ、る로 끝나는 동사는 끝부분의 う、つ、る를, ～った로 활용한다.

～う：かう(買う) ➡ かった(買った) 산, 샀다

～つ：まつ(待つ) ➡ まった(待った) 기다렸던, 기다린, 기다렸다

～る：がんばる(頑張る) ➡ がんばった(頑張った) (끝까지) 노력했던, 노력했다

동사의 원형이 く、ぐ로 끝나는 동사는 끝부분의 く、ぐ를 ～いた、～いだ로 활용한다.

～く：かく(書く) ➡ かいた(書いた) 썼던, 쓴, 썼다

～ぐ：およぐ(泳ぐ) ➡ およいだ(泳いだ) 헤엄쳤던, 헤엄친, 헤엄쳤다

*いく(行く)는 いった(行った)임을 주의한다.

동사의 원형이 む、ぶ、ぬ로 끝나는 동사는 끝부분의 む、ぶ、ぬ를 ～んだ로 활용한다.

～む：すむ(住む) ➡ すんだ(住んだ) 산, 살았던, 살았다

～ぶ：よぶ(呼ぶ) ➡ よんだ(呼んだ) 부른, 불렀던, 불렀다

～ぬ：すぬ(死ぬ) ➡ しんだ(死んだ) 죽은, 죽었다

동사의 원형이 す로 끝나는 동사는 끝부분의 す를 した로 변형시킨다.

～す：かす(貸す) ➡ かした(貸した) 빌려준, 빌려줬던, 빌려줬다

(2) 2그룹 동사

동사원형의 끝부분 る 앞에 오는 발음의 모음이 /e/ 혹은 /i/인 동사는 동사 끝부분의 る를 떼고, ~た를 붙이면 된다.

たべる(食べる) ➡ たべた(食べた) 먹은, 먹었던, 먹었다

*る앞의 べ는 [be]로 발음하므로, /e/에 해당됩니다.

みる(見る) ➡ みた(見た) 본, 봤던, 봤다

*る앞의 み는 [mi]로 발음하므로, /i/에 해당됩니다.

(3) 불규칙 동사

위의 규칙에서 벗어나는 동사이다.

する ➡ した 한, 했던, 했다

くる(来る) ➡ きた(来た) 온, 왔던, 왔다

4. た형을 이용한 많이 쓰는 표현

(1) ~た　ことが　あります: ~(한) 적이 있습니다. ~(한) 일이 있습니다

いう(言う) ➡ いった　ことが　あります 말한 적이 있습니다

まつ(待つ) ➡ まった　ことが　あります 기다린 적이 있습니다

ふる(降る) ➡ ことが　あります 내린 적이 있습니다

かく(書く) ➡ ことが　あります 쓴 적이 있습니다

およぐ(泳ぐ) ➡ およいだ　ことが　あります 헤엄친 적이 있습니다

よむ(読む) ➡ よんだ　ことが　あります 읽은 적이 있습니다

よぶ(呼ぶ) ➡ よんだ　ことが　あります 부른 적이 있습니다

たべる(食べる) ➡ たべ た　ことが　あります　먹은 적이 있습니다

みる(見る) ➡ みた　ことが　あります 본 적이 있습니다

する ➡ した　ことが　あります 한 적이 있습니다

くる(来る) ➡ きた　ことが　あります 온 적이 있습니다

단어

身分証明書(みぶんしょうめいしょ)　신분증명서

愛(あい)する　사랑하다(포괄적인 사랑)

恋(こい)する　사랑하다, 연모하다(주로 이성간)

運転(うんてん)する　운전하다

結婚(けっこん)する　결혼하다

ディズニーランド　디즈니랜드

着物(きもの)　기모노, 일본 전통의상

フランス語(ご)　불어, 프랑스어

회화

A:	明日来てください。	내일 오세요.
B:	はい。	예.
A:	消しゴムを貸してください。	지우개를 빌려주세요.
B:	はい、どうぞ。	예, 여기 있어요.
A:	ちょっと待ってください。	잠시 기다리세요.
B:	あの、忙しいですけど。	저(저기), 바쁜데요.
A:	身分証明書を見せてください。	신분증명서를 보여주세요.
B:	はい、どうぞ。	예, 여기 있어요.
A:	お母さん、愛しています。	어머니, 사랑합니다.
B:	ありがとう。	고맙구나.
A:	彼は何をしていますか。	그는 무엇을 하고 있습니까?
B:	運転しています。	운전을 하고 있습니다.
A:	傘を持っていますか。雨が降っています。	우산을 가지고 있습니까? 비가 옵니다.
B:	いいえ、持っていません。どうしよう。	아니요, 가지고 있지 않아요. 어떡해.
A:	彼女は結婚していますか。	그녀는 결혼했습니까?
B:	はい、2年前に結婚しました。	예, 2년 전에 결혼했습니다.
A:	ソウルに住んだことがありますか。	서울에 산 적이 있습니까?
B:	はい、2年間住んだことがあります。	예, 2년간 산 적이 있습니다.
A:	ディズニーランドへ行ったことがありますか。	디즈니랜드에 간 적이 있습니까?
B:	はい、あります。楽しかったです。	예, 있습니다. 즐거웠습니다.
A:	着物を着たことがありますか。	기모노를 입은 적이 있습니까?
B:	はい、あります。いい経験でした。	예, 있습니다. 좋은 경험이었습니다.
A:	フランス語を勉強したことがありますか。	불어를 공부한 적이 있습니까?
B:	いいえ、ありません。	아니오, 없습니다.

<문제> problem

1. 다음 동사를 て형으로 활용하세요.

   会う(만나다) ➡

   聞く(듣다) ➡

   話す(말하다) ➡

   読む(읽다) ➡

   出る(나가다) ➡

   分かる(알다) ➡

   帰る(돌아가다/오다) ➡

2. 다음 동사를 ~て ください 표현으로 바꾸세요.

   習う(배우다) ➡

   歩く(걷다) ➡

   押す(누르다) ➡

   待つ(기다리다) ➡

   選ぶ(고르다) ➡

   起きる(일어나다) ➡

   見せる(보이다) ➡

3. 다음 동사를 ~て います 표현으로 바꾸세요.

   探す(찾다) ➡

   遊ぶ(놀다) ➡

   着る(입다) ➡

   考える(생각하다) ➡

   行く(가다) ➡

来る(오다) ➡

答える(대답하다) ➡

4. 다음 동사를 た형으로 활용하세요.

住む(살다) ➡

覚える(기억하다) ➡

する(하다) ➡

立つ(서다) ➡

言う(말하다) ➡

急ぐ(서두르다) ➡

消す(지우다) ➡

5. 다음 동사를 ~た　ことが　あります 표현으로 바꾸세요.

休む(쉬다) ➡

会う(만나다) ➡

持つ(갖다) ➡

寝る(자다) ➡

留まる(묵다) ➡

買う(사다) ➡

勉強する(공부하다) ➡

정답

1. て형

会う(만나다) ➡ あって

話す(말하다) ➡ はなして

出る(나가다) ➡ でて

帰る(돌아가다/오다) ➡ かえって

聞く(듣다) ➡ きいて

読む(읽다) ➡ よんで

分かる(알다) ➡ わかって

정답

2. ~て ください

習う(배우다) ➡ ならって ください

押す(누르다) ➡ おして ください

選ぶ(고르다) ➡ えらんで ください

見せる(보이다) ➡ みせて ください

歩く(걷다) ➡ あるいて ください

待つ(기다리다) ➡まって ください

起きる(일어나다) ➡ おきて ください

3. ~て います

探す(찾다) ➡ さがして います

着る(입다) ➡ きて います

行く(가다) ➡ いって います

答える(대답하다) ➡こたえて います

遊ぶ(놀다) ➡ あそんで います

考える(생각하다) ➡ かんがえて います

来る(오다) ➡ きて います

4. た형

住む(살다) ➡ すんだ

する(하다) ➡ した

言う(말하다) ➡ いった

消す(지우다) ➡ けした

覚える(기억하다) ➡ おぼえた

立つ(서다) ➡ たった

急ぐ(서두르다) ➡ いそいだ

5. 다음 동사를 ~た ことが あります 표현으로 바꾸세요.

休む(쉬다) ➡ やすんだ ことが あります

会う(만나다) ➡ あった ことが あります

持つ(갖다) ➡ もった ことが あります

寝る(자다) ➡ ねた ことが あります

留まる(묵다) ➡ とまった ことが あります

買う(사다) ➡ かった ことが あります

勉強する(공부하다) ➡ べんきょうした ことが あります

부록

■ 일본의 이모저모

• 대학

일본의 대학은 4년제로는 크게 국립대학과 사립대학으로 나뉘어지며, 2년제는 단기대학과 전문학교로 구분된다.

4년제 대학의 경우, 우리나라와 달리 각 도도현부에 있는 국립대학을 우선으로 치며, 그 다음이 사립대학 중 유명한 5~7개의 대학을 명문으로 인정한다. 국립대학에는 대표적으로 도쿄대학과 교토대학이 있으며, 유명 사립대학으로는, 게이오, 와세다, 메이지, 츄오, 죠치, 니혼 대학 등이 있다.

• 결혼

일본에서는 민법상 3촌까지의 혼인만 금지하고 있기 때문에 4촌과의 혼인도 가능하며, 일왕가에서는 친족 간의 결혼이 관례로 여겨진다.

결혼에 드는 비용은 하객 1인당 3~5만엔이 소요되기 때문에, 가까운 친인척과 친구만을 불러 오붓하게 즐기는 결혼식을 선호한다. 피로연의 경우 하객 1인당 식비가 1만~1만5천엔, 답례품이 1인당 1만엔 정도이기 때문에, 하객은 축의금으로 최소한 3만엔 이상 준비해야 한다.

일본에서는 '태어나면 신사에서, 결혼할 때는 교회에서, 죽을 때는 절에서'란 말이 있듯이, 결혼식은 종교에 무관하게 교회에서 하는 경우가 많다.

혼수를 하는 방식은 지역별로 차이가 있는데, 관동지방은 신랑신부가 서로 주고 받고, 관서지방은 신랑 쪽에서만 보낸다. 예물과 현금, 백년해로와 장수 등을 상징하는 장식품을 목록에 적어 보내며, 받은 쪽에서는 받았다는 수령서를 보낸다. 신랑이 보낸 예물의 반, 혹은 1할 정도에서 답례를 보낸다.

결혼 후에는 여성은 남편의 성을 따르지만, 과거의 가부장적인 가정보다는 개인주의적인 가정이 대부분이다.

• 장례

일본에서는 사람이 죽으면 모두 화장을 하여 유골함에 넣어 집 안의 불단에 모시는 경우가 많다. 제사는 매년이 아닌 3년, 7년에 한 번씩 절에서 지낸다.
장례식의 부조금은 흰 봉투에 넣어 검은 줄을 두르는데, 액수는 약 5천엔 정도로 헌 돈으로 준비하는 것이 관례이다.

■ 일본의 식문화

일본 요리는 시각적으로 아름다운 것으로 유명하며, 섬나라이기 때문에 해산물을 이용한 요리가 많다. 불교의 영향으로 메이지유신 전까지 육류 섭취를 금했기 때문에, 육류요리가 발달하지 않았다.
지역별로 보면, 관동지방은 설탕을 손에 넣기 쉬운 지배계층이 관동지역에 많이 거주했기 때문에, 간장과 설탕을 넣어 조린 음식이 많으며, 관서지방은 식재료 자체의 향미를 살린 식문화가 발달하였다. 한편, 장수촌으로 유명한 오키나와 지역은 삶은 돼지고기의 섭취가 타 지역에 비해 많은데, 돼지고기는 육류 중 콜레스테롤이 적기 때문에 고단백 저지방식으로 건강에 도움이 된다고 알려져 있다.

- **스시(すし)**

식초와 설탕 등으로 간을 한 밥을 작게 주물러, 한 입 크기로 썬 신선한 어패류나 달게 맛을 들여 두껍게 말은 계란말이 등을 얹어서 만든 것을 니기리스시(握りすし)라고 한다. 또한, 오이나 절인 야채 등을 중심부에 놓고 말아 만든 김밥을 마키즈시(巻きずし)라고 한다. 스시를 먹을 때는 밥이 아닌 생선 부위에 간장을 찍어 먹어야 한다. 한편, 잘게 썬 생선과 계란 지단, 생선 알 등을 단촛물로 간을 한 밥 위에 곱게 올린 것을 치라시스시(散らしすし)라고 하며, 치라시스시는 비벼 먹는 것이 아니라 주인의 정성을 생각하여 그대로 먹는다.

- **사시미(刺身)**

한 입 크기로 썰은 신선한 어패류를 와사비를 넣은 간장에 찍어 먹는다. 일본인들은 참치(まぐろ)를 무척 좋아하여、특히 참치의 뱃살 부위인 토로(とろ)를 선호한다.

- **오니기리(お握り)**

우리나라의 주먹밥과 매우 비슷하다. 밥에 소금으로 간을 하고, 그것에 다양한 재료를 섞어 넣고 삼각형으로 뭉친 것이다. 그것을 김으로 둘러서 먹는데, 일본의 한 편의점에서 오니기리의 밥과 김 사이에 비닐을 넣어 눅눅해지지 않도록 상품화하였고, 그것이 삼각김밥이라는 이름으로 한국에 들어와 있다.

- **텐뿌라(天ぷら)**

새우, 오징어, 생선 등의 어패류나 여러 가지 야채, 소면 등에 밀가루를 입혀서 기름에 튀긴 요리로 소바나 우동에 넣어 먹기도 한다.

- **야키토리**(焼き鳥)

닭이나 닭의 껍질, 혹은 닭의 내장을 꼬치에 꽂아, 달고 짭짤한 소스나 소금으로 간을 해 불에 구운 음식으로 주로 술 안주로 많이 나온다. 닭의 어느 부위로 했느냐에 따라 달리 불리는데, 대표적으로 닭의 넓적다리 살 부위는 모모(もも)라고 불리운다.

- **돈부리**(丼ぶり)

밥 위에 여러 가지 재료를 얹어서 먹는 일본식 덮밥이다. 돈부리는 밥그릇보다 더 큰 그릇을 뜻하는 말이며 원래 덮밥은 '돈부리메시(丼ぶり飯)'라고 한다. 돈부리를 줄여서 '동'으로 부르기도 한다. 쇠고기를 올린 것은 규동(牛丼), 돼지고기를 올린 것은 부타동(豚丼), 닭고기와 계란을 같이 얹은 것은 오야코동(親子丼), 돈카츠를 올린 것은 카츠동(カツ丼)이라고 불린다. 붉은 색의 초절임 생강인 베니쇼가(紅生薑)와 일본식 된장국인 미소시루(味噌汁)와 함께 먹는다. 저렴하고 간편하여 인기 있는 대중음식으로 각 역마다 돈부리 가게는 하나 이상 꼭 있다.

- **라멘**(ラーメン)

원래는 중화요리이나 패전 후 일본인들에게 국민 음식으로 각광받았다. 국물 위에 형성된 지방층이 굳으며 쉽게 식지 않아 겨울에 특히 인기 있는 음식이다. 절인 돼지고기인 챠슈, 김, 삶은 달걀, 파 등을 얹어 먹는다. 간장으로 간을 한 쇼유라멘(醤油ラーメン), 된장으로 간을 한 미소라멘(味噌ラーメン), 소금으로 간을 한 시오라멘(塩ラーメン), 돼지 뼈를 우려낸 국물로 만든 돈코츠 라멘(豚骨ラーメン)이 대표적이다. 지역에 따라 국물의 진함과 연함에 차이가 있고, 면발의 굵기도 다르다. 예를 들면, 도쿄지방의 라멘은 간장으로 간을 한 쇼유라멘이다.

- **돈카츠**(トンカツ)

돼지고기에 빵가루를 입혀 기름에 튀겨낸 음식으로 일본 고유의 음식은 아니지만, 일본식 돈가스에서는 항상 채를 썬 양배추가 곁들여지며, 밥과 함께 나온다. 돼지고기 부위 별로 등심 부위로 만든 것은 로스카츠(ロスカツ), 안심부위는 히레카츠(ヒレカツ) 등이 있으며, 카츠라는 단어의 발음이 일본어에서 '이기다(勝つ)'와 같기 때문에, 승리를 기원하는 의미에서 경기나 취업, 시험 전에 먹기도 한다.

- **스키야키**(すきやき)

철로 된 냄비에 하는 전골 요리로, 얇게 여민 쇠고기를 여러 가지 야채나 두부

와 함께 끓이며, 단맛이 나는 간장으로 간을 한다.

- **샤브샤브**(しゃぶしゃぶ)

아주 얇게 썰은 쇠고기나 돼지고기와 여러 가지 야채나 두부 등을 끓는 물이나 육수 속에 넣고 흔들어 살짝 익혀 깨나 땅콩을 갈아 넣은 고마타래(ごまたれ) 나 유자, 레몬 등의 폰즈에 찍어 먹는다. 육수 속에서 살짝 흔드는 소리가 샤브샤브로 들린다 하여 샤브샤브로 불린다는 설이 있다.

- **우메보시**(梅干し)

절임음식인 쯔케모노漬物의 일종으로, 말린 매실을 소금에 절인 것이다. 간장·꿀·설탕 등을 첨가하거나 가쯔오부시(가다랭이 말린 것), 다시마, 표고버섯 등으로 맛을 낸다. 붉은 차조기 잎을 넣어 붉은 색의 우메보시를 만들기도 한다. 가마쿠라시대에는 수도승들의 식사에 반찬으로 올렸고, 무로마치 시대에는 사무라이들이 먹었다. 맛이 쓰지만 알칼리성 식품으로 소화촉진·살균작용·정장작용·피로회복·노화방지 등에 효과가 있다.

- **타쿠앙/타쿠앙 쯔케**(澤庵漬)

일본식 무절임으로, 쌀겨에 소금을 넣고 채소 등을 묻어서 숙성시키는 쌀겨 절임의 일종으로 보통 단무지라고도 한다. 다쿠앙(沢庵) 선사가 먹을 것이 없는 백성들을 위해 만들었다고 전해지며, 그의 이름을 따서 다쿠앙(沢庵) 혹은 다쿠앙 쯔케(沢庵漬)라고 불린다.

Chapter 10. 경어

학습내용

일본어의 경어에는 존경어, 겸양어, 정중어 세 가지가 있다. 존경어는 상대를 높여야 하는 경우, 겸양어는 나와 내 주변을 낮추는 경우, 사람에 관련되지 않은 상황이나 장소 등을 설명하기 위한 정중어가 쓰인다.

경어를 만드는 방법은 두 가지가 있는데, 일정한 법칙에 따라 원래의 어휘를 바꾸는 방법과 아예 다른 어휘로 쓰는 방법이 있다. 예를 들면, '기다리세요'의 경우 일반적인 표현은 待(ま)ってくださいｲ지만 동사 待(ま)つ를 중심으로 하여 일정한 법칙에 따라 바꿔 お待(ま)ちくださいｲ로 쓰는 방법이 전자이며, 후자의 경우는 먹다의 食(た)べる를 召(め)し上(あ)がる라는 전혀 다른 어휘로 쓰인다.

우리나라의 존댓말은 상하관계 위주로 쓰이지만, 일본어의 경어는 '집단' 위주로 쓰이기 때문에 주의해야 한다. 예를 들면, 회사의 '사장님'에 대해 존댓말을 쓰는 경우, 회사 내에서는 써도 되지만, 다른 회사의 사람에게 쓸 때는 무조건 높여서는 안됩니다. 왜냐하면 그 사람에게는 자신의 '사장'이 아니기 때문에 상황에 따라 달리 써야 한다. 다른 예로, '어머니'란 단어를 쓸 때, 같은 집단인 집안사람들끼리 있을 때는 お母(かあ)さん을 써도 되지만, 가족이 아닌 다른 사람에게는 母(はは)를 써야 한다.

1. 명사의 경어

명사를 경어로 만드는 방법에는 두 가지가 있는데, 아예 다른 어휘를 쓰는 경우와 명사 앞에 お나 ご를 붙이는 방법이 있다. お나 ご를 붙이는 방법의 경우, 일본어의 고유어 앞에는 お를 붙이고, 한자어 앞에는 ご를 붙이는 경우가 많으며, 외래어, 외국어, 동물, 자연, 병 등 앞에는 お나 ご를 붙이지 않고 그 단어 그대로 쓴다.

1) 다른 어휘를 쓰는 경우

ここ 여기　こちら 이쪽

家(いえ) 집　お宅(たく) 댁

今日(きょう) 오늘　本日(ほんじつ) 오늘

2) 명사에 お나 ご를 붙이는 경우

(1) 고유어에 붙이는 お

お名前(なまえ) 성함　　お皿(さら) 접시

お水(みず) (마시는) 물　　おうどん 우동

(2) 한자어에 붙이는 ご

ご家族(かぞく) 가족　　ご案内(あんない) 안내

ご注文(ちゅうもん) 주문

(3) 예외의 경우: 습관적으로 쓰이는 경우로 한자어임에도 お를 붙이는 단어

お電話(でんわ) 전화　　お弁当(べんとう) 도시락

お約束(やくそく) 약속

(4) 경어와 상관없이 쓰이는 경우

おやつ 간식　　おしぼり 물수건

おなか 배(신체)　　ご苦労(くろう) 수고

2. 동사의 경어

동사를 경어로 만드는 방법 역시 두 가지가 있는데, 전혀 다른 어휘를 쓰는 방법과 동사를 기준으로 하여 법칙에 의거하여 바꾸는 방법이 있다.

1) 다른 어휘로 동사를 경어로 바꾸는 경우

(1) 존경어

する ➡ なさる
하다　　하시다

行(い)く ➡ いらっしゃる, おいでになる
가다　　가시다

来る ➡ いらっしゃる, おいでになる, おこしになる
오다　　오시다

いる ➡ いらっしゃる, おいでになる
있다　　계시다

言う ➡ おっしゃる
말하다　말씀하시다

知ってる ➡ ご存じです
알다　　　아시다

見る ➡ ご覧になる
보다　　보시다

食べる/飲む ➡ 召し上がる
먹다/마시다　　드시다

寝る ➡ お休みになる
자다　　주무시다

(2) 겸양어

する ➡ いたす
하다

行く ➡ まいる, 伺う
가다

来る ➡ まいる
오다

いる ➡ おる
있다

言う ➡ 申す, 申し上げる
말하다

知ってる ➡ 存じておる
알다

食べる/飲む ➡ いただく
먹다

見る ➡ 拝見する
보다

聞く ➡ 承る, 伺う
듣다　듣다　묻다 *일본어에서는 聞く 동사를 '듣다'와 '묻다' 두 가지로 다 쓴다.

会う ➡ お目にかかる
만나다　　뵙다

あげる ➡ 差し上げる
주다　　　드리다

もらう ➡ いただく, ちょうだいする
받다

(3) 정중어
장소나 물건 등에 관한 표현일 경우, 정중어를 쓴다.
~です ➡ ~でございます ~입니다.
あります ➡ ございます 있습니다.

2) 동사를 기준으로 하여 경어로 바꾸는 경우

(1) 존경어

① 고유어 동사
お + 동사의 ます형 + になります

예) 訪ねる ➡ お訪ねになります。
방문하다　　방문하십니다

会う ➡ お会いになります。
만나다　　만나십니다

聞く ➡ お聞きになります。
듣다　　들으십니다

② 한자어 동사
ご + 한자명사 + になります

出発する ➡ ご出発になります。
출발하다　　출발하십니다

ご ＋ 한자명사 ＋ なさいます

到着する ➡ ご到着なさいます。

도착하다　　도착하십니다

確認する ➡ ご確認なさいます。

확인하다　　확인하십니다

(2) 겸양어

① 고유어 동사

お ＋ 동사의 ます형 ＋ いたします

持つ ➡ お持ちいたします。

들다　　들겠습니다

読む ➡ お読みいたします。

읽다　　읽겠습니다

② 한자어 동사

ご ＋ 한자명사 ＋ いたします

案内する ➡ ご案内いたします。

안내하다　　안내하겠습니다

説明する ➡ ご説明いたします。

설명하다　　설명하겠습니다

③ 사역형

동사의 사역형의 て형 ＋ いただく

이 표현은 행동의 주체는 말하는 사람이지만, 실제로는 '시켜서 하다'라는 사역의 뜻이 내포되었기 때문에 매우 정중한 표현이라고 할 수 있다. 주로 고객의 승낙을 받아야 하는 상황에서 쓰이며, 접객 이외의 일상적인 상황에서 자주 쓸 경우 오히려 비굴하게 보일 수도 있다.

確認する ➡ ご確認いたします　<　確認させていただきます

확인하다　　확인하겠습니다　　(더욱 정중하게) 확인하겠습니다

説明する ➡ ご説明いたします　<　説明させていただきます

설명하다　　설명하겠습니다　　(더욱 정중하게) 설명하겠습니다

3. 형용사의 경어

형용사는 그대로 쓰이는 경우가 대부분이지만, 감정을 나타내는 형용사에는 お가 붙는다.

예) お安(やす)い 싸다 　　お早(はや)い 이르다/빠르다

お忙(いそが)しい 바쁘다 　　お美(うつく)しい 아름답다

(참고) 가족 호칭

	나의 가족을 칭할 때	상대방의 가족/ 손님의 가족을 칭할 때	가족 내에서의 호칭
가족	家族(かぞく)	ご家族(かぞく)	
할아버지	祖父(そふ)	お祖父(じい)さん	お祖父(じい)さん
할머니	祖母(そぼ)	お祖母(ばあ)さん	お祖母(ばあ)さん
아버지	父(ちち)	お父(とう)さん	お父(とう)さん
어머니	母(はは)	お母(かあ)さん	お母(かあ)さん
형/오빠	兄(あに)	お兄(にい)さん	お兄(にい)さん
언니/누나	姉(あね)	お姉(ねえ)さん	お姉(ねえ)さん
남동생	弟(おとうと)	弟(おとうと)	동생 이름
여동생	妹(いもうと)	妹(いもうと)	동생 이름
남편	主人(しゅじん)	ご主人(しゅじん)·旦那(だんな)さん	이름·あなた
아내	妻(つま)	奥(おく)さん	이름
아들	息子(むすこ)	お息子(むすこ)さん·お坊(ぼ)っちゃん	이름
딸	娘(むすめ)	お娘(むすめ)さん·お嬢(じょう)さん	이름
손자	孫(まご)	お孫(まご)さん	이름
아저씨	叔父(おじ)	叔父(おじ)さん	叔父(おじ)さん
아주머니	叔母(おば)	叔母(おば)さん	叔母(おば)さん

단어

お宅(たく) 댁

新宿(しんじゅく) 도쿄의 대표적인 상업지구이자 주거지 중 한 곳

箸(はし) 젓가락, 회화에서는 주로 お箸(はし)로 씀

ひとりごと 혼잣말

番組(ばんぐみ) 방송 프로그램(=プログラム)

題目(だいもく) 제목

営業(えいぎょう)する 영업하다

チケット 티켓

放送(ほうそう)する 방송하다

冬(ふゆ) 겨울

ソナタ 소나타

회화

A: お宅はどちらですか。　　댁은 어디십니까?

B: 家は新宿です。　　집은 신주쿠입니다.

A: お箸をください。　　젓가락 주세요.

B: はい、どうぞ。　　예, 여기 있습니다.

A: 何とおっしゃいましたか。　　뭐라고 하셨습니까?

B: いいえ、ひとりごとを言いました。　　아니오, 혼잣말을 했습니다.

A: ご覧になる番組の題目をご存じでしょうか。

보시는 프로그램의 제목을 알고 계십니까?

B: はい、知っています。　　예, 알고 있습니다.

A: じゃ、食べましょう。　　자, 먹읍시다.

B: いただきます。　　잘 먹겠습니다.

A: これ、持ってもいいですか。　　이거 가져도 됩니까?

B: はい、差し上げます。　　예, 드리겠습니다.

A: 明日、お会いしましょう。　　내일 만납시다.

B: はい、明日お目にかかります。　　예, 내일 뵙겠습니다.

A: 何時まで営業していますか。　　몇 시까지 영업합니까?

B: 夜10時まで営業しております。　　밤 10시까지 영업합니다.

A: この映画、7時のチケットがありますか。　　이 영화, 7시 표가 있습니까?

B: はい、ございます。　　예, 있습니다.

A: 今放送しているドラマの題目は何ですか。

지금 방송하는 드라마의 제목은 무엇입니까?

B: 「冬のソナタ」でございます。　　「겨울연가」입니다.

<문제> problem

1. 다음 동사를 존경어로 바꿔보세요.

する ➡

いる ➡

行く ➡

来る ➡

食べる ➡

見る ➡

借りる ➡

思う ➡

2. 다음 동사를 겸양어로 바꿔보세요.

する ➡

いる ➡

行く ➡

言う ➡

見る ➡

もらう ➡

持つ ➡

案内する ➡

정답

1. する ➡ なさる
   いる ➡ いらっしゃる
   行く ➡ いらっしゃる, おいでになる
   来る ➡ いらっしゃる, おいでになる, お越しになる
   食べる ➡ 召し上がる
   見る ➡ ご覧になる
   借りる ➡ お借りになる
   もらう ➡ おもらいになる
   思う ➡ お思いになる

2. する ➡ いたす
   いる ➡ おる
   行く ➡ まいる
   言う ➡ 申す, 申し上げる
   見る ➡ 拝見する
   もらう ➡ いただく
   持つ ➡ お持ちいたす
   案内する ➡ ご案内いたす

부록

■ 일본의 숙박시설

• 호텔

다양한 규모와 시설의 호텔들이 많이 있다. 대부분 시설이 매우 훌륭하며 쾌적하다. 일본의 숙박시설은 대부분 미리 예약을 하고 가는 편이 안전하다. 일본의 호텔은 객실 수가 아닌 인원 수로 요금을 계산하기 때문에, 1인실 2개의 요금과 2인실 1개의 요금이 같다. 따라서 굳이 2명씩 짝을 지어 투숙할 필요가 없다. 호텔 객실에도 유카타가 비치 되어 있으며, 요금에 봉사료가 포함되어 있기 때문에 팁을 줄 필요는 없다.

물가가 비싼 일본답게 1박에 3,000엔 정도의 캡슐호텔이나, 1박에 1만엔 정도의 비즈니스 호텔이 많이 있다.

• 비즈니스호텔

주로 대도시나 중소도시의 도심지역에 있는 비즈니스호텔은 최소한의 시설을 갖추고 있는 호텔로서 부대시설이 없는 대신 가격이 저렴하다. 대부분의 경우가 싱글룸이고 간혹 더블룸이 있는 경우도 있다. 숙박료는 5,000엔에서 1만 엔 정도이다.

• 유스호스텔

일본에는 360여 개의 유스호스텔이 운영되고 있다. 가격도 저렴하고 다양한 여행객을 만날의 전통적인 여관으로, 일본의 전통적인 생활양식을 체험하기에 가장 좋은 곳이다. 일본에 있다는 장점 때문에 많은 배낭여행객이 찾고 있다.

• 료칸

료칸은 일본 전통 숙박업소로, 전통 가옥에 다다미 방이 구비도어 있다.

투숙을 하면 프런트 데스크가 아닌 방에서 료칸의 시설과 식사 등에 대한 설명을 듣게 된다. 식사는 주로 방으로 가져다 주며, 이부자리도 깔아 주는 곳도 있다.

료칸에는 별도의 욕실이 없이 공동 목욕탕이 있으며, 료칸 내에서는 유카타(목욕가운) 차림으로 다녀도 괜찮다. 대략 7만여 개의 료칸이 있는데, 가격대는 1박에 1만엔인 료칸부터 고가의 료칸 등 다양하다.

실무편

Chapter 11. 접객에 필요한 기초 일본어

학습내용

일본어에서는 경어가 잘 발달되어 있기 때문에, 접객 일본어는 일상적인 회화보다 좀 더 정중한 표현을 쓴다. 손님을 높이는 존경어, 서비스 제공자를 낮추는 겸양어, 그리고 장소나 물건에 대해서는 정중어를 쓴다.

1. 접객에 필요한 기초 일본어

(1) 꼭 알아두어야 하는 10대 접객 일본어

いらっしゃいませ。어서오세요.

またお越(こ)しくださいませ。또 오세요.

ありがとうございます。감사합니다.

申(もう)し訳(わけ)ございません。죄송합니다.

しつれいいたします/失礼(しつれい)いたしました。실례합니다/했습니다.

はい、かしこまりました。예, 알겠습니다.

どうぞ、ごゆっくり。편히 쉬십시오.

少々(しょうしょう)お待(ま)ちください。잠시만 기다리세요.

お待(ま)たせいたしました。오래 기다리셨습니다.

お待(ま)ちしております。 기다리고 있겠습니다.

(2) 일상회화에서 바꿔야 하는 접객 일본어

すみません。/ ごめんなさい。➡ 申し訳ございません。

미안합니다. 죄송합니다.

分かりました。➡ かしこまりました。

알겠습니다.

します。➡ なさいます。(손님에게 쓰는 말)

합니다 하십니다

➡ いたします。(접객직원이 자기 행동을 이르는 말)

ください。➡ お願いします。

~주세요

そうです。➡ さようでございます。

그렇습니다.

できません。➡ いたしかねます。

할 수 없습니다. (그렇게) 하기 어렵습니다.

いいですか。➡ よろしいでしょうか。

좋습니까? 괜찮으십니까?

2. 계산에 필요한 5대 접객 일본어

お支払はどのようになさいますか。

～ウォンで　ございます。~원입니다.

～ウォン(カート)を　おあずかり　いたします。~원(카드)을 받았습니다.

～ウォンの　おかえしで　ございます。~원 거슬러 드립니다.

カードをお返しいたします。 카드를 돌려 드립니다.

3. 前置き

손님에게 전할 내용이 부정적일 경우에 서두에 꺼내는 말로써, 죄송한 마음을 전하여, 부정적인 내용을 완곡하게 전할 수 있도록 하는 관용구입니다.

申し訳ございませんが、~

죄송합니다만,~

恐(おそ)れ入(い)りますか、~

죄송합니다만,~

あいにくですが、~

공교롭게도, ~

ご迷惑(めいわく)をおかけいたしますが、~

폐를 끼쳐드립니다만,~

お手数(てすう)をおかけいたしますが、~

번거롭게 해드립니다만,~

4. 객실번호 및 전화번호 읽는 방법

숫자를 하나하나 떼어서 읽는 방법과 하나의 숫자로 읽는 방법, 두 가지가 있다.

객실번호

1225호실: いち　に　に　ご号室(ごうしつ)

せん にひゃく にじゅう ご号室(ごうしつ)

5008호실: ご　ゼロ　ゼロ　はち号室(ごうしつ) /ご　まる　まる　はち　号室(ごうしつ)

ごせん はち号室(ごうしつ)

전화번호: '–'는 'の'라고 읽으며, 생략하는 경우도 있다.

0은 ゼロ, まる, れい 등을 쓰며, 4는 よん, 7은 なな, 9는 きゅう로 읽는다.

03-579-6432: ゼロさんのごななきゅうのろくよんさんに

090-876-5432: ゼロきゅうぜろのはちななろくのごよんさんに

5. 고객의 인원수를 표현하는 단어

단어

한 분	お一人様(ひとりさま), 一名様(いちめいさま)	여섯 분	六名様(ろくめいさま)
두 분	お二人様(ふたりさま), 二名様(にめいさま)	일곱 분	七名様(ななめいさま), 七名様(しちめいさま)
세 분	三名様(さんめいさま)	여덟 분	八名様(はちめいさま)
네 분	四名様(よんめいさま)	아홉 분	九名様(きゅうめいさま)
다섯 분	五名様(ごめいさま)	열 분	十名様(じゅうめいさま)

6. 호텔관광 서비스 관련 일본어 단어

단어

호텔	ホテル
프런트	フロント
로비	ロビー
벨데스크	ベルデスク
라운지	ラウンジ
레스토랑	レストラン
커피숍	コーヒーショップ
카페테리아	カフェテリア
바	バー
화장실	トイレ
엘리베이터	エレベーター
에스컬레이터	エスカレーター
아케이드	アーケード
면세점	免税店(めんぜいてん)
베이커리	ベーカリー
객실	ルーム
싱글룸	シングルルーム
더블룸	タブルルーム
트윈룸	ツインルーム
스위트룸	スイートルーム
온돌	オンドル
사우나	サウナ
카지노	カジノ
피트니스 클럽	フィットネス　クラブ
수영장	プール
테니스 코트	テニスコート

객실 내 비품

침대	寝台(しんだい), ベッド
베개	まくら
담요	毛布(もうふ)
시트	シート
슬리퍼	スリッパ
테이블	テーブル
의자	椅子(いす)
볼펜	ボールペン
수건	タオル
목욕수건	バスタオル
비누	せっけん
샴푸	シャンプ
린스	リンス
로션	ローション
면도기	かみそり
치약	歯磨(はみが)き
칫솔	歯(は)ブラシ
빗	櫛(くし)ブラシ
휴지	トイレットペーパー
비데	ビデ
컵	カップ　コップ
생수	ミネラルウォーター
냉장고/미니바	冷蔵庫(れいぞうこ), ミニバー
텔레비전	テレビ
전화	電話(でんわ)
리모콘	リモコン

호텔 내 직급

사장	社長(しゃちょう)
부사장	副社長(ふくしゃちょう)
이사	理事(りじ)
총지배인	総支配人(そうしはいにん), ゼネラルマネージャ
부총지배인	副支配人(ふくしはいにん)
프런트 매니저	フロントマネージャ
프런트 담당직원	フロントクラーク
콘시어지	コンシェルジュ
벨캡틴	ベルキャプテン
벨맨	ベルマン
도어맨	ドアマン
하우스키퍼	ハウスキーパー
웨이터	ウェーター
웨이트레스	ウェートレス

Chapter 12. 예약

회화

[1]

C: Front Clerk　G: Guest

C: おはようございます。客室予約係(きゃくしつよやくかか)りでございます。

(おはようございます。客室予約係(きゃくしつよやくかか)りです。)

G: 予約(よやく)をしたいんです。

C: いつのご宿泊(しゅくはく)でしょうか。

(いつ宿泊(しゅくはく)しますか。)

G: 4月(がつ)28日から2泊(はく)です。

C: 何名様(なんめいさま)でしょうか。

(何人(なんにん)ですか。)

G: 二人(ふたり)です。

C: どのようなお部屋(へや)がよろしいでしょうか。

(どんな部屋(へや)がいいですか。)

G: ダブルルームをお願(ねが)いします。

C: ダブルルームでございますね。かしこまりました。

(ダブルルームですね。分かりました。お名前とご連絡先をお願いします。

(名前と連絡先を教えてください。)

G: 藤井玲子です。連絡先は090-9876-5432です。

C: 藤井玲子様、ご連絡先が090-9876-5432でございますね。

(藤井玲子さん、連絡先が090-9876-5432ですね。)

G: はい。

C: 藤井玲子様、4月28日から2泊、ダブルルームでご予約を承りました。

(藤井玲子、4月28日から2泊、ダブルルームで予約を受けました。)

チェックインは3時からでございます。

(チェックインは3時からです。)

ご予約ありがとうございます。ご来館をお待ちしております。

(予約ありがとうございます。来館を待っています。)

C: 안녕하세요, 객실예약 담당입니다.
G: 예약하고 싶습니다.
C: 언제 숙박하시겠습니까?
G: 4월 28일부터 2박입니다.
C: 몇 분이십니까?
G: 2명입니다.
C: 어떤 객실을 원하십니까?
G: 더블룸을 원합니다.
C: 더블룸이십니까, 알겠습니다. 성함과 연락처를 알려주십시오.
G: 후지이 레이코입니다. 연락처는 090-9876-5432입니다.
C: 후지이 레이코님, 연락처는 090-9876-5432이십니까.
G: 예.
C: 후지이 레이코님, 4월 28일부터 2박, 더블룸으로 예약 접수하였습니다.
체크인은 3시부터입니다.
예약 감사드립니다. 오심을 기다리고 있겠습니다.

[2]

C: Front Clerk　　G: Guest

C: 客室予約係りでございます。

(客室予約係りです。)

G: 予約したいんですけど。

C: いつのお泊まりでしょうか。

(いつ泊まりますか。)

G: 9月8日から3泊です。

C: 何名様でしょうか。

(何人ですか。)

G: 二人です。

C: ツインとダブルどちらがよろしいでしょうか。
(ツインとダブルどちらがいいですか。)

G: ツインルームをお願いします。

C: 申し訳ございません。あいにくですが、ツインは満室でございます。

(ごめんなさい。あいにくですが、ツインは満室です。)
ダブルルームはいかがでしょうか。
(ダブルルームはどうですか。)

G: いいです。

C: 朝食は別料金となっておりますが、よろしいでしょうか。

(朝食は別料金ですが、いいですか。)

G: はい、いいです。

C: かしこまりました。お名前とご連絡先をお願いします。

(分かりました。名前と連絡先を教えてください。)

G: 藤木花子です。連絡先は090-6789-2345です。

C: 藤木花子様、ご連絡先が090-6789-2345でございますね。

(藤木花子さん、連絡先が090-6789-2345ですね。)

G: はい。

C: 当日、何時のご到着でしょうか。

(今日、何時に到着しますか。)

G: 午後4時頃じゃないか思いますけど。

C: かしこまりました。藤木花子様、9月8日から3泊、ダブルルームでご予約を承りました。

(分かりました。藤木花子さん、9月8日から3泊、ダブルルームで予約を受けました。)

ご予約ありがとうございます。ご来館をお待ちしております。

(予約ありがとうございます。来館を待っています。)

C: 객실예약 담당입니다.
G: 예약하고 싶은데요.
C: 언제 숙박이십니까?
G: 9월 8일부터 3박입니다.
C: 몇 분이십니까?
G: 2명입니다.
C: 트윈과 더블룸 어느 쪽이 좋으십니까?
G: 트윈룸을 부탁합니다.
C: 죄송합니다. 공교롭게도 트윈룸은 만실입니다.
더블룸은 어떠십니까?
G: 좋습니다.
C: 아침식사는 별도입니다만, 괜찮으십니까?
G: 예, 좋습니다.
C: 알겠습니다. 성함과 연락처를 부탁드립니다.
G: 후지키 하나코입니다. 연락처는 090-6789-2345입니다.
C: 후지키 하나코님, 연락처는 090-6789-2345이시죠.
G: 예.
C: 당일 몇 시 도착이십니까?
G: 오후 4시쯤이지 않을까 생각합니다만.
C: 알겠습니다. 후지키 하나코님, 9월 8일부터 3박, 더블룸으로 예약되셨습니다.
예약 감사드립니다. 오심을 기다리고 있겠습니다.

[3]

C: Front Clerk G: Guest

C: 客室予約係りでございます。

(客室予約係りです。)

G: 予約を変更したいんですけど。

C: お名前をお願いします。

(名前を教えてください。)

G: 藤井亮です。

C: 藤井亮様、どのようにご変更なさいますか。

(藤井亮さん、どのように変更しますか。)

G: 今週の金曜日からの予約を土曜日からの2泊に変更してください。

C: かしこまりました。

土曜日からの2泊で、お一人様、シングルルームでよろしいでしょうか。

(分かりました。土曜日からの2泊で、一人、シングルルームでいいですか。)

G: はい。

C: ご来館をお待ちしております。

(来館を待っています。)

C: 객실예약 담당입니다.
G: 예약을 변경하고 싶습니다만.
C: 성함을 부탁드립니다.
G: 후지키 료입니다.
C: 후지키 료님, 어떻게 변경하시겠습니까?
G: 이번 주 금요일부터의 예약을 토요일부터의 2박으로 변경해 주십시오.
C: 알겠습니다. 토요일부터 2박에, 한 분, 싱글룸으로 괜찮으십니까?
G: 예.
C: 오심을 기다리고 있겠습니다.

단어

客室・お部屋 객실

予約 예약

係り 담당

宿泊 숙박

何名様 몇 분

お部屋 객실

(部屋는 방, お部屋는 방을 정중히 표현한 단어)

シングルルーム 싱글룸

ダブルルーム 더블룸

ツインルーム 트윈룸

お名前 성함

連絡先 연락처

承る 받다, 듣다의 겸양어

来館 영화관, 호텔 등에 옴

泊まり 숙박

あいにく 공교롭게도, 마침

満室 만실

いかがでしょうか。어떠십니까?

朝食 조식, 아침식사

別料金 별도의 요금

当日 당일

到着 도착

午前 오전

午後 오후

頃 경

思います 생각합니다

変更 변경

■ 표현 및 문법

1. 명사(を) + お願いします/お願いいたします

일상 회화에서 흔히 쓰이는 ください(주세요)는 접객 일본어에서는 주의해서 써야 하는 표현이다. 따라서 고객에게 요청할 내용을 정중하고 간단하게 표현하는 방법으로는 명사(を)+ お願いします(부탁드립니다)가 있다. お願いいたします는 お願いします보다 좀 더 정중한 표현이다.

이 표현은 고객 측에서 당연히 해야 하는 일들에 대해 요청할 때 쓸 수 있다.

예) お名前をお願いします。성함을 부탁드립니다(알려 주세요).

サインをお願いします。사인을 부탁드립니다(해 주세요).

ご注文(ちゅうもん)をお願(ねが)いします。주문 부탁드립니다(하시겠습니까?)

鍵(かぎ)をお願(ねが)いします。열쇠를 부탁드립니다(주세요).

もう一度(いちど)お願(ねが)いいたします。다시 한번 부탁드립니다(말씀해 주세요).

2. ～でございます와 ～ございます

물건이나 장소에 관해 설명할 때 쓰는 표현으로, です의 정중어가 ~でございます, あります의 겸양어가 ~ございます이다.

예) お台場(だいば)ホテルでございます。오다이바 호텔입니다.

レストラン「春(はる)」でございます。레스토랑「하루」입니다.

コーヒーショップは2階(かい)にございます。커피숍은 2층에 있습니다.

免税店(めんぜいてん)は10階(かい)にございます。면세점은 10층에 있습니다.

<문제> problem

1. 괄호 안의 단어를 이용하여 다음 문장을 만들어 보세요.

   성함(お名前)을 알려 주세요. ➡

   객실 키(お部屋のキー)를 주세요. ➡

   여권(パスポート)을 주세요. ➡

   서명(サイン)을 해주세요. ➡

2. 다음 문장을 말해 보세요

   한국 호텔입니다. ➡

   레스토랑 「무궁화」입니다. ➡

   커피숍은 1층에 있습니다. ➡

   면세점은 9층에 있습니다. ➡

정답

1. 성함(お名前)을 알려 주세요. ⇒ お名前をお願いします。

   객실 키(お部屋のキー)를 주세요. ⇒ お部屋のキーをお願いします。

   여권(パスポート)을 주세요. ⇒ パスポートをお願いいたします。

   서명(サイン)을 해주세요. ⇒ サインをお願いいたします。

2. 한국 호텔입니다. ⇒ 韓国ホテルでございます。

   레스토랑 「무궁화」입니다. ⇒ レストラン「ムグンファ」でございます。

   커피숍은 1층에 있습니다. ⇒ コーヒーショップは1階にございます。

   면세점은 9층에 있습니다. ⇒ 免税店は9階にございます。

■ 예약 관련 단어

단어

お客さん · お客さま 손님, 고객

予約 예약

宿泊 · 泊り 숙박

お名前 성함

住所 주소

旅券 · パスポート 여권, 패스포트

氏名 성명

署名 · サイン 서명, 사인

宿泊登録カード · レジストれ-ションカード 숙박등록카드

鍵 · キー 열쇠, 키

会計 회계, 계산

料金 요금

税金 세금

~込み ~포함

サービス料 서비스료

支払い方法 지불방법

現金 · キャッシュー 현금

グレジットカード · カード 신용카드

おつり 거스름돈

領収証 영수증

バウチャ- 바우처

取り消し · キャンセル 취소, 캔슬

Chapter 13. 체크인

회화

[1]

C: Front Clerk　　G: Guest

C: いらっしゃいませ。

G: チェックインしたいんですけど。

C: お名前をお願いします。

(名前を教えてください。)

G: 藤井亮です。

C: 藤井亮様、こちらにご記入ください。

(藤井亮さん、ここに記入してください。)

G: はい。

C: ありがとうございます。藤井様のお部屋は507号室でございます。

(ありがとうございます。藤井さんの部屋は507号室です。)

こちらが鍵と朝食券でございます。ベルマンがお部屋までご案内いたします。

(これが鍵と朝食券です。ベルマンが部屋まで案内します。)

G: ありがとうございます。

C: ありがとうございます。どうぞ、ごゆっくり。

C: 어서오세요.
G: 체크인 하고 싶은데요.
C: 성함을 부탁드립니다.
G: 후지이 료입니다.
C: 후지이 료님, 여기에 기입 부탁드립니다.
G: 예.
C: 감사합니다. 후지이 료님의 객실은 507호실입니다. 이것이 열쇠와 아침 식사권입니다.
벨맨이 객실까지 안내해 드리겠습니다.
G: 감사합니다.
C: 감사합니다. 편히 쉬십시오.

[2]

C: Front Clerk　　G: Guest

C: いらっしゃいませ。
G: 予約しました。藤井亮です。チェックインをお願いします。
C: はい、かしこまりました。確認させていただきます。少々お待ちください。
(はい、分かりました。確認します。ちょっと待ってください。)
お待たせいたしました。東京からの藤井亮様でいらっしゃいますね。
(待たせました。東京からの藤井亮さんですね。)
G: はい。
C: 藤井亮様、本日から3伯、禁煙室でございますね。
(藤井亮さん、今日から3伯、禁煙室ですね。)
G: はい、そうです。
C: それでは、こちらのカードにお名前とご住所、パスポートナンバーをご記入ください。
(それでは、このカードに名前と住所、パスポートナンバーを記入してください。)

G: はい。

C: ありがとうございます。藤井亮様のお部屋は608号室になります。

こちらがカードキーと朝食券でございます。

(ありがとうございます。藤井亮さんの部屋は608号室です。

これがカードキーと朝食券です。)

G: ありがとうございます。どころで、モーニングコールをお願いしたいんですけど。

C: はい、かしこまりました。何時のご希望でしょうか。

(はい、分かりました。希望の時間は何時ですか。)

G: 7時にお願いします。

C: 明朝7時でございますね。

(明日の朝7時ですね)

G: はい、そうです。

C: はい、かしこまりました。係りがお部屋までご案内いたします。ごゆっくり、どうぞ

(はい、分かりました。係りが部屋まで案内します。ゆっくり、どうぞ)

C: 어서　오세요.

G: 예약했습니다. 후지이 료입니다. 체크인 부탁합니다.

C: 예, 알겠습니다. 확인하겠습니다. 잠시만 기다리십시오.

오래 기다리셨습니다. 동경에서 오신 후지이 료님이시죠?

G: 예.

C: 후지이 료님, 오늘부터 3박, 금연실이시죠?

G: 예, 그렇습니다.

C: 그러면, 이 카드에 성함과 주소, 여권번호를 기입해 주세요.

G: 예.

C: 감사합니다.

G: 후지이 료님의 객실은 608호실입니다. 이것이 카드키와 아침식사권입니다.

C: 감사합니다. 그런데, 모닝콜을 부탁하고 싶습니다만.

G: 예, 알겠습니다. 몇 시에 해드릴까요?

C: 7시에 부탁합니다.

G: 내일 아침 7시이십니까?

C: 예, 그렇습니다.

G: 예, 알겠습니다. 담당자가 객실까지 안내해 드리겠습니다. 편히 쉬십시오.

[3]

C: Front Clerk　　G: Guest

C: いらっしゃいませ。

G: チェックインしたいんですが、予約(よやく)はしていません。

C: それでは、いつのお泊(と)まりでしょうか。

(それでは、いつ泊(と)まりますか。)

G: 今日から1泊(ぱく)です。

C: 何名様(なんめいさま)でしょうか。

(何人(なんにん)ですか。)

G: 二人です。

C: ツインとダブルどちらがよろしいでしょうか。

(ツインとダブルどちがいいですか。)

G: ツインにお願(ねが)いします。

C: ツインでございますね、かしこまりました。

(ツインですね、分(わ)かりました。)

では、こちらにお名前(なまえ)とご住所(じゅしょう)をお願(ねが)いします。

パスポートを拝見(はいけん)させていただきます。

(では、こちに名前(なまえ)と住所(じゅしょう)を書(か)いてください。パスポートを見(み)せてください。)

G: はい、どうぞ。

C: ありがとうございます。本日から一泊、ツインルームでございますね。

(ありがとうございます。今日から一泊、ツインルームですね。)

こちらが鍵と朝食券でございます。朝食は1階のレストランで6時からでございます。

(これが鍵と朝食券です。朝食は1階のレストランで6時からです。)

ベルマンがお部屋までご案内いたします。どうぞ、ごゆっくり。

(ベルマンが部屋まで案内します。どうぞ、ゆっくり。)

G: ありがとう。

C: 어서오세요.
G: 체크인 하고 싶은데요, 예약을 안했습니다.
C: 그러면, 언제 숙박하십니까?
G: 오늘부터 1박입니다.
C: 몇 분이십니까?
G: 두 명입니다.
C: 트윈과 더블 중에 어느 쪽으로 하시겠습니까?
G: 트윈으로 부탁합니다.
C: 트윈이십니까, 알겠습니다. 그러면, 여기에 성함과 주소를 기입해 주세요. 여권을 보여 주세요.
G: 예, 여기 있습니다.
C: 감사합니다. 오늘부터 1박, 트윈룸이시죠. 이것이 열쇠와 조식권입니다.
아침식사는 1층의 레스토랑에서 6시부터입니다.
벨맨이 객실까지 안내해드리겠습니다. 편히 쉬세요.
G: 고마워요.

단어

チェックイン 체크인
記入 기입
お部屋＝客室＝ルーム 객실
鍵＝キー 열쇠
どうぞ 영어에서의 Please와 같은 뜻으로 다양한 상황에서 쓰일 수 있습니다.
ゆっくり 천천히, 푹
確認 확인
本日 오늘의 정중한 표현
禁煙室 금연실
パスポート 패스포트, 여권
ナンバー 넘버
モーニングコール 모닝콜
希望 희망
明朝 내일의 정중한 표현
宿泊＝泊まり 숙박
拝見 삼가 봄, 배견(남의 글, 편지, 작품, 소중한 물건 따위를 공경하는 뜻을 가지고 봄)
レストラン 레스토랑
ベルマン 벨맨

■ 표현 및 문법

1. お+(ます형)+ください/ご+(명사)+ください

(동사て형)+ください(~아/어/해 주십시오)는 접객 일본어로는 적절하지 않다. 접객 일본어에서는 동사의 ます형을 활용하여 お+(ます형)+ください로 경어를 만든다. 또한 '명사+する' 형태의 동사는 ご+(명사)+ください로 경어를 만든다.

예) 持つ → 持ちます ➡ お持ちください。 가지고 계십시오.
書く → 書きます ➡ お書きください。 써 주십시오.
利用する ➡ ご利用ください。이용해 주십시오.
確認する ➡ ご確認ください。확인해 주십시오.

2. です의 정중어와 존경어

~です(입니다)는 장소나 물건을 설명하는 경우, 또는 접객종사원이 본인에 관련하여 설명할 때 쓰는 정중어로 ~でございます(~입니다)를 쓰고, 고객의 행동이나 상태에 대해 이야기할 때는 존경어로 ~でいらっしゃいます(~이십니다)를 쓴다.

*ございます(있습니다)는 あります의 겸양어, いらっしゃいます(계십니다)는 いる의 존경어이다.

藤井様でいらっしゃいますか。후지이씨 이십니까?

当ホテルには初めてでいらっしゃいますか。저희 호텔에는 처음이십니까?

私は予約かかりのキムでございます。저는 예약부서의 김입니다.

お客様の朝食券でございます。 손님의 조식권입니다.

<문제> problem

1. 다음 문장을 접객 일본어로 말해 보세요.

열쇠를 가지고 계십시오. ➡

이 카드를 써 주십시오. ➡

아침식사는 커피숍을 이용해 주십시오. ➡

영수증을 확인해 주십시오. ➡

2. 다음 문장을 완성하세요.

후지키씨 이십니까? 藤木さまで(　　　　　　　　)。

두 분 이십니까? お二人さまで(　　　　　　　　)。

여기가 스카이라우지입니다. こちらがスカイラウンジで(　　　　　　　　)。

저는 담당자 박입니다. 私は担当のパクで(　　　　　　　　)。

정답

1. 열쇠를 가지고 계십시오. ➡ キーをお持ちください。

이 카드를 써 주십시오. ➡ このカードをお書きください。

아침식사는 커피숍을 이용해 주십시오. ➡ 朝食はコーヒーショップをご利用ください。

영수증을 확인해 주십시오. ➡ 領収証をご確認ください。

2. 藤木さまで(いらっしゃいますか)。

お二人さまで(いらっしゃいますか)。

こちらがスカイラウンジで(ございます)。

私は担当のパックで(ございます)。

■ 체크인 관련 단어

단어

チェックイン 체크인
フロントディスク · フロント 프런트 데스크, 프런트
ロビー 로비
エレベーター 엘리베이터
エスカレーター 에스컬레이터
コーヒーショップ 커피숍
玄関(げんかん) 현관
回転(かいてん)ドア 회전문
引率(いんそつ)の方(かた) 인솔자
代表(だいひょう)の方(かた) 대표자
ツアー 투어, 관광
観光(かんこう) 관광
ガイド 가이드
バウチャ 바우처
コンファメーションシート 예약확인서
本日(ほんじつ) 오늘의 정중한 표현
明朝(みょうちょう) 내일 아침의 정중한 표현
人数(にんずう) 인원수
名簿(めいぼ) 명부
荷物(にもつ) 짐, 수하물
かばん · バック 가방, 백
スーツケース 수트 케이스
滞在(たいざい) 체재
案内書(あんないしょ) 안내서
日程表(にっていひょう) 일정표
スケジュール 스케줄
朝食券(ちょうしょくけん) 조식권

Chapter 14. 체크아웃

회화

[1]

C: Front Clerk　　G: Guest

G: チェックアウトをお願(ねが)いします。

C: かしこまりました。ルームナンバーをお願(ねが)いします。

(分(わ)かりました。ルームナンバーを教(おし)えてください。)

G: 703号室(ごうしつ)です。

C: 少々(しょうしょう)お待(ま)ちください。(ちょっと待(ま)ってください。)

お待(ま)たせいたしました。会計(かいけい)の明細(めいさい)をご確認(かくにん)いただけますか。

(待(ま)たせました。会計(かいけい)の明細(めいさい)を確認(かくにん)してください。)

G: はい、間違(まちが)いはありません。

C: 合計(ごうけい)50万(まん)ウォンでございます。お支払(しはらい)はどのようになさいますか。

(合計(ごうけい)50万(まん)ウォンです。支払(しはらい)はどのようにしますか。)

G: クレジットカードでします。

C: カードをお願いします。少々お待ちください。

(カードをください。ちょっと待ってください。)

お待たせいたしました。こちらにサインをお願いします。

(待たせました。ここにサインをしてください。)

G: はい。

C: カードをお返しします。ご利用、ありがとうございました。

(カードを返します。利用してありがとうございました。)

またのお越しをお待ちしております。

(また来てください。)

G: 체크아웃 부탁합니다.

C: 예, 알겠습니다. 방 번호를 알려주세요.

G: 703호실입니다.

C: 잠시만 기다리세요.

오래 기다리셨습니다. 계산 명세서를 확인해 주시겠습니까?

G: 예, 틀림 없습니다.

C: 합계 50만원입니다. 지불은 어떻게 하시겠습니까?

G: 신용카드로 하겠습니다.

C: 카드를 주십시오. 잠시만 기다리세요.

오래 기다리셨습니다. 여기에 사인 부탁드립니다.

G: 예.

C: 카드를 돌려 드립니다. 이용해주셔서 감사합니다. 또 오심을 기다리고 있겠습니다.

[2]

C: Front Clerk G: Guest

G: チェックアウトをしたいんですが。

C: かしこまりました。お部屋の鍵をいただけますか。

(分かりました。部屋の鍵をください。)

G: はい、どうぞ

C: ありがとうございます。少々お待ちくださいませ。(ちょっと待ってください。)

お待たせいたしました。(待たせました。)

3伯の料金にご利用のルームサービス料を合わせて、75万ウォンになります。

(3伯の料金に利用したルームサービス料を合わせて、75万ウォンです。)

お支払方はどのようになさいますか。

(支払方はどのようにしますか。)

G: 現金でします。日本の円でいいですか。

C: はい、日本の円では6万8千円になります。

(はい、日本の円では6万8千円です。)

G: 7万円です。

C: 7万円をお預かりいたしました。2千円のお返しでございます。

(7万円を預かりました。2千円を返しました。)

こちらが領収書でございます。ご利用くださいましてありがとうございます。

(これが領収証です。利用してくれてありがとうございます。)

またのご利用をお待ちしております。

(また来てください。)

G: 체크아웃 하고 싶은데요.
C: 알겠습니다. 객실 키를 주세요.
G: 예, 여기 있어요.
C: 감사합니다. 잠시만 기다리세요.
오래 기다리셨습니다.
3박의 요금에 이용하신 룸 서비스료를 합하여 75만원입니다.
지불방법은 어떻게 하시겠습니까?

G: 현금으로 하겠습니다. 일본 엔도 괜찮죠?

C: 예, 일본 엔으로는 6만 8천엔입니다.

G: 7만엔입니다.

C: 7만엔을 받았습니다. 2천엔을 거슬러 드립니다.
이것이 영수증입니다. 이용해주셔서 감사합니다.
또 이용해 주심을 기다리고 있겠습니다.

[3]

C: Front Clerk G: Guest

C: いらっしゃいませ。

G: チェックアウトをしたいんですけど。705号室の藤井です。

C: かしこまりました。少々お待ちください。

(分かりました。ちょっと待ってください。)

お待たせいたしました。(待たせました。)

2泊の料金にご利用の食事代を合わせて、53万8千ウォンになります。

(2泊の料金に利用した食事代を合わせて、53万8千ウォンです。)

G: 食事はしていないんですけど。。。

C: もう一度お調べいたします。少々お待ちください。

(もう一度調べます。ちょっと待ってください。)

大変お待たせいたしました。申し訳ございません。こちらの手違いでございます。

(大変待たせました。ごめんなさい。こちの手違いです。)

食事代を差し引かせていただきます。

(食事代を差し引きます。)

G: はい。

C: 合計51万ウォンでございます。お支払はどのようになさいますか。

(合計51万ウォンです。支払はどのようにしますか。)

G: カードでします。

C: かしこまりました。こちらにご署名をお願いします。

(分かりました。ここに署名をしてください。)

G: はい。

C: 大変ご迷惑をおかけしました。(大変迷惑をかけました。)

ご利用くださいましてありがとうございます。(利用してくれてありがとうございます。)

C: 어서 오세요.
G: 체크아웃 하고 싶은데요, 705호실의 후지이입니다.
C: 알겠습니다. 잠시만 기다리십시오.
오래 기다리셨습니다. 2박의 요금에 이용하신 식사비를 포함하여 53만8천원입니다.
G: 식사는 안 했는데요.
C: 다시 한 번 확인해보겠습니다. 잠시만 기다리세요.
오래 기다리셨습니다. 죄송합니다. 저희의 잘못입니다.
식사비를 빼 드리겠습니다.
G: 예.
C: 합계 51만원입니다. 지불은 어떻게 하시겠습니까?
G: 카드로 하겠습니다.
C: 알겠습니다. 여기에 서명 부탁드립니다.
G: 예.
C: 죄송합니다(대단히 귀찮게 해드렸습니다).
이용해 주셔서 감사합니다.

단어

チェックオウト 체크아웃

ルームナンバー＝客室番号 객실번호

会計 회계, (음식점, 숙박 업소에서의) 계산

明細 명세, 물품이나 금액 따위의 내역

間違い 틀림, 실수, 과실

合計 합계

支払い 지불, 지급

クレジットカード 신용카드

サイン 사인

利用 이용

料金 요금

ルームサービス料 서비스료

合わせて 합쳐서

支払い方 지불방법

現金 현금

預かる 맡다, 보관하다

返す 돌려주다, 되돌리다

領収書 영수증

食事代 식사요금

調べる 조사하다, 검토하다, 찾다

大変 몹시, 대단히

差し引く 빼다, 차감하다, 공제하다

カード 카드

署名 서명

迷惑 폐, 귀찮음. 성가심. 불쾌함. 괴로움

■ 표현 및 문법

1. いただけませんでしょうか(~아/어 주시지 않겠습니까?)

いただく(받다)에서 활용된 형태로, 매우 정중한 표현이다. 주로, 손님에게 금지나 어려운 부탁을 할 때 쓴다. 한편 우리말에서는 '주다'라는 표현을 많이 쓰는 반면, 일본어에서는 '받다'란 표현을 많이 쓴다. 따라서 우리말에서의 '주다'란 표현은 일본어에서 '받다'란 표현으로 쓸 수 있다.

한자어 명사는 앞에 ご를 붙이고(일부 명사 앞에는 お), 동사는 ます형 앞에 お를 붙여 경어를 만든다.

ご+(한자어 명사)+いただけませんでしょうか

お+(ます형)+いただけませんでしょうか

ご理解いただけませんでしょうか。이해하여 주십시오(주시지 않으시겠습니까?).

ご遠慮いただけませんでしょうか。삼가하여 주십시오(주시지 않으시겠습니까?).

お持ちいただけませんでしょうか。가지고 계십시오(주시지 않으시겠습니까?).

お読みいただけませんでしょうか。읽어 주십시오(주시지 않으시겠습니까?).

(참고) いただく의 활용을 보면 다음과 같습니다.

いただく➡	いただきます➡	いただけます➡	いただきません➡	いただけませんでしょうか。
받다	받습니다	받을 수 있습니다	받을 수 없습니다	받을 수 없을까요?
원형	ます형	가능형	가능형의 부정	가능형의 부정의문

2. ご遠慮いただけませんでしょうか(삼가해 주십시오)

遠慮는 '멀리 생각함, 앞일을 깊이 헤아림'이란 뜻으로, 우리말로는 '삼가(하다)'로 의역될 수 있다. 고객의 행위에 대한 금지나 중단을 의뢰할 때 쓰는 관용적인 표현이다.

申し訳ございませんが、こちらは禁煙席でございますので、おたばこはご遠慮いただけませんでしょうか。

죄송합니다만, 여기는 금연석이오니, 담배는 삼가해 주십시오(주시지 않으시겠습니까?).

<문제> problem

괄호 안의 단어와 いただけませんでしょうか를 이용하여, 접객에 적당한 문장으로 만들어 보세요.

(記入) ➡

(遠慮) ➡

(持つ) ➡

(待つ) ➡

정답

(記入) ➡ ご記入いただけませんでしょうか。

(遠慮) ➡ ご遠慮いただけませんでしょうか。

(持つ) ➡ お持ちいただけませんでしょうか。

(待つ) ➡ お待ちいただけませんでしょうか。

■ 체크아웃 관련단어

단어

明細書(めいさいしょ) 명세서

請求書(せいきゅうしょ) 청구서

預り証(あずかりしょう) 보관증

領収証(りょうしゅうしょう) 영수증

用意(ようい) 준비

会計(かいけい) · 勘定(かんじょう) 계산

合計(ごうけい) 합계

現金(げんきん) · キャッシュー 현금

紙幣(しへい) 지폐

小切手(こぎって) 수표

トラベラーズ　チェック 여행자수표

おつり · 小銭(こぜに) 거스름돈

銅銭(どうせん) · 銅貨(どうか) · コイン 동전

税金(ぜいきん) 세금

サービス料(りょう) 서비스료, 봉사료

別(べつ) 별도

手違(てちが)い 착오, 실책

空港(くうこう)バース 공항버스

リムジンバース 리무진 버스

タクシー 택시

Chapter 15. 벨 데스크

회화

[1]

B: Bell man　　　G: Guest

B: お荷物はこちらですべてでしょうか。私がお持ちいたします。

お部屋までご案内いたします。お部屋の鍵をお願いします。

エレベーターはこちらでございます。

お先にどうぞ。

G: ありがとう。

B: お部屋はこちらです。鍵を使い方はこのようになっております。

お荷物はこちらにおいてもよろしいでようか。

G: はい、ありがとう。

B: ご用の際には内線9番におかけください。

それではごゆっくり。

B: 짐은 이것이 전부이십니까? 제가 들겠습니다.
객실까지 안내해 드리겠습니다. 객실의 열쇠를 주십시오.
엘리베이터는 이쪽입니다. 먼저 타십시오.

G: 감사합니다.

B: 객실은 여기입니다. 열쇠를 사용하는 방법은 이러합니다.
짐은 여기에 두어도 괜찮으시겠습니까?

G: 예, 감사합니다.

B: 용건이 있으실 경우에는 내선 9번에 전화 주십시오.
그럼 편히 쉬십시오.

[2]

B: Bell man G: Guest

B: こちらのエレベーターへとうぞ。

G: はい。

B: お客様(きゃくさま)のお部屋(へや)は1203号(ごう)でございます。
12階(かい)まで上(あ)がります。
お先(さき)に、お降(お)りください。
こちらが1203号(ごう)でございます。
鍵(かぎ)は差(さ)し込(こ)んで右(みぎ)にお回(まわ)しください。
ドアはオートロックでございます。

G: はい、分(わ)かりました。

B: スーツケースはこちらに置(お)いてもよろしいでしょうか。

G: はい、ありがとう。

B: お部屋(へや)のご利用(りよう)について簡単(かんたん)にご説明(せつめい)いたします。
トイレの電気(でんき)スイッチはこちらでございます。
エアコンをお付(つ)けしましょうか。このままよろしいでしょうか。

G: このままでいいです。

B: では、こゆっくり。失礼(しつれい)いたします。

B: 이 쪽 엘리베이터로 오세요.

G: 예.

B: 손님의 객실은 1203호실입니다. 12층까지 올라갑니다. 먼저 내리세요.
여기가 1203호실입니다.
열쇠는 꼽아서 오른쪽으로 돌리십시오.
도어는 오토 락(자동잠금)입니다.

G: 예, 알겠습니다.

B: 수트 케이스는 여기에 두어도 될까요?

G: 예, 고마워요.

B: 객실의 이용에 대해 간단히 설명해드리겠습니다.
화장실의 전기 스위치는 이것입니다.
에어컨을 켜 드릴까요? 이대로 괜찮으십니까?

G: 이대로 좋습니다.

B: 그럼 편히 쉬십시오. 실례하겠습니다.

[3]

B: Bell man G: Guest

B: こちらが1305号でございます。
カードキーをお願いします。
ドアはオートロックでございます。

G: はい。

B: お部屋のご利用について簡単にご説明いたします。
こちらのミネラルウォーター―はご自由にお召し上がりください。
ミニ-バーのお飲み物は有料になっております。
貴重品はフロントのセーフティボックスをご利用ください。

G: 分かりました。

B: それでは、ごゆっくりおくつろぎください。失礼いたします。

B: 여기가 1305호입니다.
카드키를 주십시오.
도어는 오토 락(자동잠금)입니다.
G: 예.
B: 객실의 이용에 대해 간단히 설명해 드리겠습니다.
이 생수는 자유롭게 드십시오.
미니 바의 음료는 유료입니다.
귀중품은 프런트의 세이프티 박스를 이용해 주십시오.
G: 알겠습니다.
B: 그럼, 편히 쉬십시오. 실례하겠습니다.

단어

荷物 짐
すべて 전부
先に 먼저
使う 사용하다
使い方 사용방법
用 용건
際 때
内線 내선
外線 외선
かける 걸다
ゆっくり 천천히
ごゆっくり 푹 쉬십시오(식당에서는 천천히 드십시오)
上がる 올라가다
下がる 내려가다
乗る 타다
降りる 내리다
差し込む 꼽다
差し込み ·コンセント 콘센트
右 오른쪽
左 왼쪽
回す 돌리다
ドア 도어
オートロック 자동잠금, 오토 락
スーツケース 수트 케이스, 트렁크
置く 두다
簡単に 간단히
説明 설명
スイッチ 스위치
エアコン ·クーラー 에어컨
付ける 켜다
このまま 이대로
そのまま 그대로
ミネラルウォーター- 생수, 미네랄 워터
自由に 자유롭게
召し上がる 드시다
ミニ-バー 미니 바
飲み物 음료
貴重品 귀중품
セーフティボックス 세이프티 박스
くつろぐ 심신을 편안하게 하다, 몸을 쉬게 하고 느긋한 기분이 되다

■ 표현 및 문법

1. ~ますか의 경어 お+(ます형)でしょうか

~ますか 와 ~ましたか의 존경어는 お+(ます형)でしょうか의 형태로 만들며, 경어에서 현재, 과거의 시제는 따로 쓰이지 않고 함께 쓰인다.

예) 注文は決まりましたか。주문은 정했습니까?

ご注文はお決まりでしょうか。주문은 정하셨습니까?

パスポートを持っていますか。패스포트를 가지고 있습니까?

パスポートをお持(も)ちでしょうか。패스포트를 가지고 계십니까?

2. ご+(한자어 명사)~ですか의 경어　ご+(한자어 명사)でいらっしゃいますか

~ですか 와 ~でしたか의 존경어는 お+(ます형)でいらっしゃいますか의 형태로 만든다. 경어에서 현재, 과거의 시제는 따로 쓰이지 않고 함께 쓰인다.

예) ご家族(かぞく)ですか。가족입니까?

ご家族(かぞく)でいらっしゃいますか。가족이십니까?

ご親戚(しんせき)ですか。친척입니까?

ご親戚(しんせき)でいらっしゃいますか。친척이십니까?

<문제> problem

제시된 동사 원형을 활용하여, 다음 문장을 말해 보세요.

(待つ)택시를 기다리십니까? ➡

(持つ)안내서를 가지고 계십니까? ➡

(決まる)주문은 정하셨습니까? ➡

(出かける)지금 나가십니까? ➡

정답

(待つ)택시를 기다리십니까? ➡ タクシーをお待ちでしょうか。

(持つ)안내서를 가지고 계십니까? ➡ 案内書をお持ちでしょうか。

(決まる)주문은 정하셨습니까? ➡ ご注文はお決まりでしょうか。

(出かける)지금 나가십니까? ➡ 今お出かけでしょうか。

■ 벨 데스크 및 객실 비품관련 단어

단어

ドア-マン 도어맨
ベールマン 벨맨
ポーター 포터
出口(でぐち) 출구
入口(いりぐち) 입구
正門(しょうもん) 정문
後門(こうもん) 후문
玄関(げんかん) 현관
駐車場(ちゅうしゃじょう) 주차장
階段(かいだん) 계단
地下(ちか) 지하
バス · お風呂(ふろ) 욕실
浴槽(よくそう) · バスタブ 욕조
シャワーブース 샤워부스
洗面台(せんめんだい) 세면대
便器(べんき) 변기
タオル 수건
バスタオル 목욕수건
ハンドタオル 일반 사이즈 수건
フェースタオル 얼굴용 수건
石鹸(せっけん) 비누
シャンプ　샴푸
リンス 린스
ローション 로션
歯(は)ブラシ 칫솔
歯磨(はみが)き 치약
シャワーキャップ 샤워캡
櫛(くし) 빗
ドライヤー 드라이어
かみそり 면도기
だんす 옷장
引(ひ)き出(だ)し 서랍
化粧代(けしょうだい) 화장대
シーツ 시트
布団(ふとん) 이불
まくら 베개
毛布(もうふ) 담요

Chapter 16. 관광예약

회화

[1]

C: Front Clerk　　G: Guest

C: いらっしゃいませ。

どんなご用件でしょうか。(どんな用件ですか。)

G: ミョンドンへ行きたいんですけど、どうやって行けばいいですか。

C: 地下鉄でおいでになった方がよろしいと存じます。

(地下鉄で行く方がいいと思います。)

こちらの地図をご覧ください。(この地図を見てください。)

G: はい。

C: こちらから地下鉄2号線に乗って、ウルチロ入口駅でお降りください。5番出口をお出になるとミョンドンでございます。(ここから地下鉄2号線に乗って、ウルチロ入口駅で降りてください。5番出口を出るとミョンドンです。)

G: どのぐらいかかるんですか。

C: 20分ほどでございます。(20分ほどです。)

G: 分かりました。どうもありがとう。

C: 어서 오세요. 무슨 용무이십니까?
G: 명동에 가고 싶은데요, 어떻게 가야 합니까?
C: 지하철로 가시는 방법이 좋을 것 같습니다. 이 지도를 봐주세요.
G: 예.
C: 여기에서부터 지하철 2호선을 타고, 을지로입구 역에서 내리십시오. 5번 출구를 나가면 곧 명동입니다.
G: 얼마나 걸립니까?
C: 20분 정도입니다.
G: 알겠습니다. 감사합니다.

[2]

C: Front Clerk　　G: Guest

C: いらっやいませ。
G: 三清洞へはどうやって行けばいいですか。
C: 三清洞は最寄り駅がないので、タクシーの方が便利だと存じます。
(三清洞は最寄り駅がないので、タクシーの方を便利だと思います。)
G: タクシーの料金はどのぐらいかかりますか。
C: 8000ウォンほどでございます。(8000ウォンほどです。)
G: そうですか。どうもありがとう。

C: 어서 오세요.
G: 삼청동에는 어떻게 가면 됩니까?
C: 삼청동은 근처역이 없으므로, 택시가 편리합니다.
G: 택시 요금은 어느 정도 나옵니까?
C: 8천원 정도입니다.
G: 그렇습니까, 감사합니다.

[3]

C: Front Clerk　　G: Guest

C: いらっしゃいませ。

G: 景福宮へ行きたいんですけど。

C: 景福宮でしょうか。(景福宮ですか。)

こちらから地下鉄5号線に乗って、光化門駅でお降りください。

(ここから地下鉄5号線に乗って、光化門駅で降りてください。)

2番出口を出て、歩いて10分かかります。

G: 入場料はいくらですか。

C: 3000ウォンでございます。(3000ウォンです。)

G: 休館日はいつですか。

C: 毎週火曜日でございます。(毎週火曜日です。)

G: ありがとうございます。

C: 어서 오세요.

G: 경복궁에 가고 싶습니다만.

C: 경복궁 말씀이십니까? 여기에서 지하철 5호선을 타고 광화문역에서 내리십시오.

2번 출구로 나가, 걸어서 10분 걸립니다.

G: 입장료는 얼마입니까?

C: 3천원입니다.

G: 휴관일은 언제입니까?

C: 매주 화요일입니다.

G: 감사합니다.

단어

ミョンドン명동
どうやって 어떻게
地下鉄 지하철
おいでになる 나가시다
*おいで 가심, 오심, 계심, 나가심, 나오심
存じる · 存ずる '생각하다'의 겸양어
方 ~쪽, 방향
地図 지도
号線 ~호선
降りる 내리다
出口 출구
出る 나가다
すぐ 곧
どのぐらい 어느 정도
かかる 걸리다, 소요되다
ほど 정도
最寄り 가장 가까움, 근처
駅 역
タクシー 택시
便利 편리
乗る타다
歩いて 걸어서
入場料 입장료
休館日 휴관일

■ 표현 및 문법

1. 의문사 + ますか의 경어 표현

의문사 + ますか는 '의문사 + の + (ご+한자어)でしょうか'와 '의문사 + の + (お + ます형)でしょうか'로 변형하여 경어를 만든다.

예) いつ泊まりますか

➡ いつのお泊まりでしょうか。

➡ いつのご宿泊でしょうか。

언제 숙박하십니까?

何泊泊まりますか。

➡ 何泊のお泊まりでしょうか。

몇 박 묵으십니까?

2. 의문사 + ですか의 경어 표현

의문사 + ですか는 '의문사 + の + (ご + 한자어)でいらっしゃいますか'로 변형하여 경어를 만든다.

예) いつまで宿泊(しゅくはく)する予定(よてい)ですか。

➡ いつまでご宿泊(しゅくはく)の予定(よてい)でいらっしゃいますか。

언제까지 숙박하실 예정이십니까?

何時(なんじ)に出発(しゅっぱつ)する予定(よてい)ですか。

何時(なんじ)のご出発(しゅっぱつ)でいらっしゃいますか。

몇 시 출발이십니까?

<문제> problem

제시된 동사 원형을 활용하여 다음 문장을 만들어 보세요.

(決まる)언제 정해지십니까? ➡

(泊まる)언제 묵으십니까? ➡

(到着)언제 도착하십니까? ➡

(予約)언제 예약하셨습니까? ➡

정답

(決まる)언제 정해지십니까? ➡ いつのお決まりでしょうか。

(泊まる)언제 묵으십니까? ➡ いつのお泊まりでしょうか。

(到着)언제 도착하십니까? ➡ いつのご到着でいらっしゃいますか。

(予約)언제 예약하셨습니까? ➡ いつのご予約でいらっしゃいますか。

■ 관광안내 관련단어

단어

觀光 관광

旅行 여행

ツーア 투어

運賃 운임

交通カード 교통카드

切手 · チケット 차표, 티켓

往復 왕복

乗り換え 환승

市内バース 시내버스

タクシー 택시

地下鉄 지하철

電車 전차

レンタカー 렌터카

自転車 자전거

自動車 자동차

案内所 안내소

案内書 안내서

ガイドブック 가이드 북

パンプレット 팸플릿

路線図 노선도

地図 지도

略図 약도

最寄り駅 가장 가까운 역

市場 시장

お寺 절

博物館 박물관

美術館 미술관

コンサートホール 콘서트 홀

映画館 영화관

劇場 극장

テーマパーク 테마파크

動物園 동물원

水族館 수족관

入場料 입장료

自由利用券 자유이용권

お問い合わせ 문의

席の予約 좌석예약

撮影禁止 촬영금지

立入禁止 입장금지

土足厳禁 신발을 벗으세요(신발 벗고 들어가세요)

サウナ 사우나

エステ 에스테틱

垢擦り 때밀이

マッサージ 맛사지

ネールケア- 네일 케어

化粧品 화장품

ビビクリーム 비비크림

高麗人参 인삼

のり 김

焼酎 소주

Chapter 17. 레스토랑

회화

[1] 예약

C: Restaurant Clerk　　G: Guest

C: レストラン「春」でございます。

(レストラン「春」です。)

G: 午後6時ごろ、予約したいんですが。

C: 何名様でいらっしゃいますか。

(何人ですか。)

G: 4人です。

C: 禁煙席と喫煙席どちらがよろしいでしょうか。

(禁煙席と喫煙席どちがいいですか。)

G: 禁煙席をお願いします。

C: かしこまりました。お名前とご連絡先をお願いします。

(分かりました。名前と連絡先を教えてください。)

G: 藤木亮です。連絡先は090-9876-5432です。

C: 藤木亮様、ご連絡先は090-9876-5432でございますね。

(藤木亮さん、連絡先は090-9876-5432ですね。)

G: はい、そうです。

C: 今晩6時、4名様のご予約を承りました。ご予約、ありがとうございます。

(今晩6時、4人の予約を受けました。予約、ありがとうございます。)

お待ちしております。

(待っています。)

C: 레스토랑 '봄'입니다.

G: 오후 6시 정도, 예약하고 싶습니다만.

C: 몇 분이십니까?

G: 4명입니다.

C: 금연석과 흡연석, 어느 쪽이 좋으십니까?

G: 금연석 부탁합니다.

C: 알겠습니다. 성함과 연락처를 알려주십시오.

G: 후지키 료입니다. 연락처는 090-9876-5432입니다.

C: 후지키 료님, 연락처는 090-9876-5432이시죠?

G: 예, 그렇습니다.

C: 오늘 저녁 6시, 네 분 예약 받았습니다. 예약 감사드립니다. 기다리고 있겠습니다.

[2] 예약

C: Restaurant Clerk　　　G: Guest

C: レストラン「夏」でございます。(レストラン「夏」です。)

G: 予約したいんですけど。

C: いつのご予約でしょうか。

(いつの予約ですか。)

G: 明日の7時です。

C: 恐れ入りますが、あいにく、明日の7時は満席でございます。

(すみませんが、あいにく、明日の7時は満席です。)

8時なら、お席をご用意できますが。

(8時なら、席が用意できますが。)

G: ラストオーダーは何時までですか。

C: ラストオーダーは9時30分となっております。

(ラストオーダーは9時30分です。)

G: じゃ、8時にお願いします。

C: かしこまりました。何名様でいらっしゃいますか。

(分かりました。何人ですか。)

G: 二人です。

C: 禁煙席と喫煙席、どちらがよろしいでしょうか。

(禁煙席と喫煙席、どちがいいですか。)

G: 禁煙席をお願いします。また、窓側の席がいいですけど。

C: はい、かしこまりました。お名前とご連絡先をお願いします。

(はい、分かりました。名前と連絡先を教えてください。)

G: 藤木花子です。連絡先は090-7698-3254です。

C: 藤木花子様、ご連絡先は090-7698-3254でございますね。

(藤木花子さん、連絡先は090-7698-3254ですね。)

G: はい。

C: 明日の8時、お二人様でご予約を承りました。ご予約、ありがとうございます。

お待ちしております。

(明日の8時、二人で予約を受けました。予約、ありがとうございます。

待っています。)

G: 레스토랑 「여름」입니다.

C: 예약하고 싶은데요.

G: 언제 예약이십니까?

C: 내일 7시입니다.

G: 죄송합니다만, 공교롭게도 내일 7시는 만석입니다.

8시라면 자리를 준비할 수 있습니다만.

C: 마지막 주문은 언제까지입니까?

G: 마지막 주문은 9시30분까지입니다.

C: 자, 8시에 부탁합니다.

G: 알겠습니다. 몇 분이십니까?

C: 2명입니다.

G: 금연석과 흡연석, 어느 쪽이 좋으십니까?

C: 금연석으로 부탁합니다. 그리고 창가쪽 좌석이 좋은데요.

G: 예, 알겠습니다. 성함과 연락처를 알려주십시오.

G: 후지키 하나코입니다. 연락처는 090-7698-3254입니다.

C: 후지키 하나코님, 연락처는 090-7698-3254이시죠?

G: 예.

C: 내일 8시, 두 분 예약 받았습니다. 예약 감사드립니다. 기다리고 있겠습니다.

[3] 좌석안내

C: Restaurant Clerk　　G: Guest

C: いらっしゃいませ。

G: 藤木花子です。8時に予約しています。

C: お待ちしております。こちらへどうぞ。こちらのお席でよろしいでしょうか。

(待っています。ここへどうぞ。この席でいいですか。)

G: はい。

C: こちらがメニューでございます。担当のウエイターが参ります。少々お待ちください。

(これがメニューです。担当のウエイターが来ます。ちょっと待ってください。)

C: 어서오세요.
G: 후지키 하나코입니다. 8시에 예약했습니다.
C: 기다리고 있었습니다. 이쪽으로 오세요. 이 자리 괜찮으십니까?
G: 예.
C: 여기 메뉴입니다. 담당 웨이터가 올 것입니다. 잠시만 기다려 주십시오.

[4] 주문

W: Waiter/Waitress　　G: Guest

W: いらっしゃいませ。

ご注文はお決まりでしょうか。

(注文は決めましだか。)

G: 定食2人前をお願いします。

W: お飲み物は何になさいますか。

(飲み物は何にしますか。)

G: ビールとコーラ一本づつをください。

W: かしこまりました。定食2人前、ビール一本とコーラ一本でございますね。

(分かりました。定食2人前、ビール一本とコーラ一本ですね。)

以上でよろしいでしょうか。

(以上でいいですか。)

G: はい。

W: では、メニューをお下げします。少々お待ちください。

(では、メニューを下げます。ちょっと待ってください。)

[食事後]

W: 失礼いたします。お下げしてもよろしいでしょうか。

(失礼します。下げてもいいですか。)

G: はい。どうぞ。

W: デザートは何がよろしいでしょうか。

(デザートは何がいいですか。)

G: 何がありますか。

W: こちらのメニューをご覧ください。

(このメニューを見てください)

G: コーヒーをお願いします。

G: あのう～コーヒーお代わりできますか。

W: はい。どうぞ、ごゆっくり。

W: 어서 오세요. 주문은 결정하셨습니까?

G: 정식 2인분 부탁합니다.

W: 음료는 무엇으로 하시겠습니까?

G: 맥주와 콜라 1병씩 주세요.

W: 알겠습니다. 정식 2인분, 맥주 1병과 콜라 1병이시죠?
이것으로 괜찮으시겠습니까?

G: 예.

W: 그럼, 메뉴를 치우겠습니다. 잠시만 기다려 주십시오.

[식사 후]

W: 실례합니다. 치워도 될까요?

G: 예, 자요.

W: 디저트는 무엇이 좋으십니까?

G: 무엇이 있습니까?

W: 여기 메뉴를 보십시오.

G: 커피를 주세요.

W: 저~ 커피 더 주실 수 있나요.

G: 예, 천천히 드십시오.

단어

春 봄
禁煙席 금연석
喫煙席 흡연석
今晩 오늘밤
承る '받다'의 겸양어. 삼가 받다.
夏 여름
恐れ入る 죄송하다, 황송하다.
満席 만석
用意 준비
ラストオーダー 마지막 주문
窓側 창가
メニュー 메뉴
担当 담당
ウエイタ- 웨이터
注文 주문
決(ま)る 정해지다
定食 정식
人前 ~인분
飲み物 음료
ビール 맥주
コーラ 콜라
一本 1병
づつ ~씩
以上 이상
参る '가다, 오다'의 겸양어
下げる 낮추다, 내리다, 떨어뜨리다
デザート 디저트
お代わり 한 그릇을 다 먹고 더 먹음

■ 표현 및 문법

1. お+(ます형)でしょうか(~십니까?)

ますか(ㅂ/습니까?)와 ましたか (~았/었습니까?) 등을 접객 일본어로 정중하게 표현하려면 お+(ます형)でしょうか의 문형을 쓰면 된다.

예) ポイントカードを持っていますか。포인트 카드를 가지고 있습니까?

ポイントカードをお持ちでしょうか。포인트 카드를 가지고 계십니까?

注文は決まりましたか。주문은 정했습니까?

ご注文はお決まりでしょうか。주문은 정해지셨습니까?

2. 承る

受ける(받다/접수하다), 聞く(듣다)의 겸양어로 '삼가 받다', '삼가 듣다', '배청(拝聴)하다'란 의미이다. 손님의 요청을 접수하거나 주문, 메시지를 받을 때 쓸 수 있다.

예) 承りました。접수되었습니다.

メッセージを承りましょうか。메시지를 받아둘까요?

<문제> problem

1. 제시된 다음 동사를 접객 일본어로 바꿔 보세요.

성함을 쓰셨습니까? (お名前、書く)

➡

부인 되시는 분을 기다리고 계십니까?(奥様、待つ)

➡

팸플릿을 읽으셨습니까? (パンプレット、読む)

➡

택시를 부르셨습니까? (タクシー、呼ぶ)

➡

2. 承る를 다음과 같이 활용해 보세요.

받습니다/접수합니다. ➡

받았습니다/접수되었습니다. ➡

접수해 드릴까요? ➡

정답

1. 성함을 쓰셨습니까? (お名前、書く) ➡ お名前をお書きでしょうか。

부인 되시는 분을 기다리고 계십니까?(奥様、待つ) ➡ 奥様をお待ちでしょうか。

팸플릿을 읽으셨습니까? (パンプレット、読む) ➡ パンプレットをお読みでしょうか。

택시를 부르셨습니까? (タクシー、呼ぶ) ➡ タクシーをお呼びでしょうか。

2. 받습니다/접수합니다. ➡ 承ります。

받았습니다/접수되었습니다. ➡ 承りました。

접수해 드릴까요? ➡ 承りましょうか。

■ 레스토랑 주문 관련단어

단어

レストラン	레스토랑
メニュー	메뉴
注文(ちゅうもん)	주문
朝食(ちょうしょく)	아침식사/조식
昼食(ちゅうしょく)	점심식사/중식
夕食(ゆうしょく)	저녁식사/석식
飲み物(のみもの)・飲料(いんりょう)	마실 것, 음료
ソフトドリンク	소프트 드링크
赤(あか)ワイン	적포도주
白(しろ)ワイン	백포도주
お勧(すす)め	추천
~人前(にんまえ)	~인분
サラダ	샐러드
スープ	수프
スパゲッティ	스파게티
パスタ	파스타
ハンバーガー	햄버거
オムレット	오믈릿
アラカルト	단품요리 A la carte
ステーキ	스테이크
塩(しお)	소금
胡椒(こしょう)	후추
砂糖(さとう)	설탕
醤油(しょうゆ)	간장
つゆ	맑은 장국(간장 맛의) 국수장국
からし	겨자
ポン酢(ず)	폰즈
デザート	디저트
果物(くだもの)・フルーツ	과일
アイスクリーム	아이스크림
ケーキ	케익
ショートケーキ	쇼트케익
ゼリー	젤리
パイ	파이
ミルク	밀크
コーヒー	커피
ブラックコーヒー	블랙커피
カフェオレ	카페올
カプチーノ	카푸치노
砂糖(さとう)・シューが	설탕, 슈가
クリーム	크림
柚子茶(ゆずちゃ)	유자차

Chapter 18. 음식 추천 및 설명

회화

[1]

W: Waiter/Waitress G: Guest

W: いらっしゃいます。

G: 韓国料理(かんこくりょうり)が食(た)べたいですが、お勧(すす)めは何(なん)ですか。

W: 韓国料理(かんこくりょうり)は初(はじ)めてでしょうか。

(韓国料理(かんこくりょうり)は初(はじ)めてですか。)

G: はい、辛(から)くないのをお願(ねが)いします。

W: ソルロンタンはいかかでしょうか。

(ソルロンタンはどうですか。)

G: ソルロンタンは何(なん)ですか。

W: 牛肉(ぎゅうにく)と骨(ほね)を長(なが)く煮込(にこ)んだスープでございます。

(牛肉(ぎゅうにく)と骨(ほね)を長(なが)く煮込(にこ)んだスープです。)

G: いいですね。鶏肉料理(とりにくりょうり)はありませんか。

W: サムゲタンはいかがでしょうか。

(サムゲタンはどうですか。)

鶏の腹に高麗人参、にんにく、ナツメ、餅米などを詰め込んだスープでございます。

(鶏の腹に高麗人参、にんにく、ナツメ、餅米などを詰め込んだスープです。)

G: じゃ、ソルロンタンとサムゲタンをひとつずつお願いします。

W: はい、かしこまりました。お飲み物は何になさいますか。

(はい、分かりました。飲み物は何にしますか。)

G: コーラとサイダーをください。

W: かしこまりました。ご注文をご確認いたします。

(分かりました。注文を確認します。)

ソルロンタンとサムゲタンをお一つずつ、コーラとサイダーをお一本ずつでございますね。

(ソルロンタンとサムゲタンを一つずつ、コーラとサイダーを一本ずつですね。)

以上でよろしいでしょうか。

(以上でいいですか。)

G: はい。

W: では、メニューをお下げいたします。

(では、メニューを下げます。)

W: 어서 오세요.

G: 한국요리를 먹고 싶은데요, 추천요리는 무엇입니까?

W: 한국요리가 처음이십니까?

G: 예, 맵지 않은 걸로 부탁합니다.

W: 설렁탕은 어떠십니까?

G: 설렁탕은 뭔가요?

W: 쇠고기와 소뼈를 장시간 푹 끓인 수프입니다.

G: 좋네요. 닭고기 요리는 없습니까?

W: 삼계탕은 어떠십니까? 닭 속에 인삼, 마늘, 대추, 찹쌀 등을 채워 넣은 수프입니다.

G: 자, 설렁탕과 삼계탕을 하나씩 주세요.

W: 예, 알겠습니다. 음료는 무엇으로 하시겠습니까?

G: 콜라와 사이다를 주세요.

W: 예, 알겠습니다. 설렁탕과 삼계탕을 하나씩, 콜라와 사이다를 한 병씩이시죠? 이상이십니까?

G: 예

W: 그럼, 메뉴를 치우겠습니다.

[2]

W: Waiter/Waitress　　　G: Guest

W: いらっしゃいませ。ご注文をおうかがいします。

(いらっしゃいませ。注文を聞きます。)

G: はい、サムバプ2人前をください。飲み物はけっこうです。

W: はい、かしこまりました。

(はい、分かりました。)

お待たせいたしました。サムバプでございます。

(待たせました。サムバプです)

G: ちょっと。。。サムにご飯を包んで食べるのは知ってますが、唐辛子は。

W: 唐辛子はサムシャンにおつけになってお召し上がりください。

(唐辛子はサムシャンにつけて食べてください。)

G: サムシャンにつけてですか。

W: はい、さようでございます。

(はい、そうです。)

G: 面白いですね。

[食事後]

W: サムバプはお済でしょうか。

(サムバプは食べましたか。)

G: はい。

W: 食後にシッケをご用意しております。

(食後にシッケを用意しています。)

W: 어서 오세요. 주문을 받겠습니다.
G: 예, 쌈밥 2인분을 주세요. 음료는 괜찮습니다.
W: 예, 알겠습니다.
오래 기다리셨습니다. 쌈밥입니다.
G: 잠깐만요… 쌈에 밥을 싸서 먹는 건 알고 있습니다만, 고추는요?
W: 고추는 쌈장에 찍어 드십시오.
G: 쌈장에 찍어서요?
W: 예, 그렇습니다.
G: 재미있네요.

[식사 후]
W: 쌈밥은 다 드셨습니까?
G: 예.
W: 식후에 식혜를 준비하겠습니다.

[3]

W: Waiter/Waitress G: Guest

W: ご注文はお決まりでしょうか。

(注文は決めましたか。)

G: お勧めはありませんか。

W: こちらがシェフの「本日のお勧め」でございます。

(これがシェフの「今日のお勧め」です。)

G: 「本日のお勧め」は何ですか。

W: 定食でございます。ご飯に汁、キムチ、テンジャンチゲなどがつきます。

(定食です。ご飯に汁、キムチ、テンジャンチゲなどがつきます。)

G: テンジャンチゲは何ですか。

W: 韓国の味噌なべでございます。

(韓国の味噌なべです。)

G: そうですか。4人前ください。

W: はい、かしこまりました。

(はい、分かりました。)

W: 주문은 정하셨습니까?

G: 추천메뉴는 없습니까?

W: 이것이 쉐프의 「오늘의 추천메뉴」입니다.

G: 「오늘의 추천메뉴」는 뭔가요?

W: 정식입니다. 밥에 국, 김치, 된장찌개 등이 나옵니다.

G: 된장찌개는 뭡니까?

W: 한국의 미소(일본식 된장)찌개입니다.

G: 그렇습니까, 4인분 주세요.

W: 예, 알겠습니다.

단어

勧める 추천하다
お勧め 추천요리/추천메뉴
辛い 매운/맵다
牛肉 쇠고기
豚肉 돼지고기
鶏肉 닭고기
野菜 채소
海産物 해산물
骨 뼈
煮込む 푹 끓이다
スープ 수프
腹 배
高麗人参 인삼
にんにく 마늘
ナツメ 대추
餅米 찹쌀
詰め込む 채워넣다
コーラ 콜라
サイダー 사이다
注文 주문
確認 확인
下げる 내리다
伺う '듣다'의 겸양어
けっこう 충분함, 만족함
唐辛子 고추
つける 담그다, 적시다
召し上がる 드시다
済む 끝나다, 완료되다.
用意 준비
シェフ 쉐프
定食 정식
汁 국, 즙
味噌 일본식 된장
なべ 찌개, 냄비

■ 표현 및 문법

待つ 동사에서 파생되는 중요한 접객 일본어

お待たせいたしました。(잠시만 기다리세요.)

お待たせいたしました。(오래 기다리셨습니다.)

お待ちしております。(기다리고 있겠습니다.)

손님을 기다리게 할 경우에는 아무리 짧은 시간이라 할지라도 반드시 少々お待ちください(잠시만 기다리세요)를 써야 하며, 이 말 뒤에는 반드시 少々お待ちください(오래 기다리셨습니다)를 써야 한다. 만일 손님이 기다린 시간이 약간 길어졌을 때는 大変お待たせいたしました(대단히 오래 기다리셨습니다)로 죄송함을 표현해야 한다.

한편, 접객 종사원이 기다릴 경우에는, '기다리고 있다'의 お待ちしております라는 표현이 있다.

발음이 비슷하지만, 매우 빈번히 쓰이는 관용구이기 때문에 반드시 익혀두어야 한다.

<문제> problem

다음 문장을 3번씩 말해 보세요.

잠시만 기다리세요. ➡

오래 기다리셨습니다. ➡

기다리고 있겠습니다. ➡

정답

잠시만 기다리세요. ➡ 少々(しょうしょう)お待(ま)ちください。

오래 기다리셨습니다. ➡ お待(ま)たせいたしました。

기다리고 있겠습니다. ➡ お待(ま)ちしております。

■ 한국 음식 관련단어

단어

定食 정식
チゲ 찌개
スープ · 汁 국
キムチ 김치
カクテキ 깍두기
オイキムチ 오이소박이
ナムル 나물
ビビンバ 비빔밥
プルゴギ 불고기
ガルビ 갈비
ガルビチム 갈비찜
サムギョプサル 삼겹살
ゴプチャン焼き 곱창구이
サムゲタン 삼계탕
ソルロンタン 설렁탕
ゴムタン 곰탕
ユッケジャン 육개장
ネンミョン 냉면
トクポキ 떡볶이
スンデ 순대
トックック 떡국
マンドゥグック 만두국
ビンデトック · チチミ 빈대떡, 전
パジョン 파전
マッコリ 막걸리
バナナ牛乳 바나나우유

Chapter 19. 레스토랑 계산

회화

[1]

W: Waiter/Waitress　G: Guest

G: 勘定してください。

W: お会計はテーブルでなさいますか。

(会計はテーブルでしますか。)

G: はい、お願いします。

W: お食事はいかがでしたか。

(食事はどうでしたか)

G: よかったです。

W: ありがとうございます。「本日のお勧め」4人前でございますね。

(ありがとうございます。「今日のお勧め」4人前ですね。)

合計100、000ウォンになります。

(合計100、000ウォンです。)

お会計はご一緒でよろしいですか、それとも別々になさいますか。

(会計は一緒でいいですか、それとも別々にしますか。)

G: 一緒でお願いします。カードでします。

W: かしこまりました。こちらにサインをお願いします。

(分かりました。ここにサインをしてください。)

G: はい、どうぞ。

W: ありがとうございます。またのご利用をお待ちしております。

(ありがとうございます。また利用してください。)

식사 후

G: 계산해 주세요.
W: 계산은 테이블에서 하시겠습니까?
G: 예, 부탁합니다.
W: 감사합니다. 오늘의 추천메뉴 4인분이시죠?
합계는 10만원입니다.
계산은 한꺼번에 하시겠습니까, 아니면 따로따로 하시겠습니까?
G: 한꺼번에 부탁합니다. 카드로 계산합니다.
W: 알겠습니다. 여기에 사인 부탁합니다.
G: 예, 여기 있어요.
W: 감사합니다. 또 이용해 주심을 기다리고 있겠습니다.

[2]

C: Casher　　G: Guest

C: 伝票をお預かりいたします。お食事はいかがでしたか。

(伝票を預かります。お食事はどうでしたか。)

G: とてもよかったです。

C: ありがとうございます。税金とサービス料を10%加えさせて、7万ウォンでございます。

(ありがとうございます。税金とサービス料を10%加えさせて、7万ウォンです。)

お会計は別々になさいますか。

(会計は別々にしますか。)

G: いいえ、一緒でお願いします。

C: お支払はどのようになさいますか。

(支払はどのようにしますか。)

G: 現金でします。10万ウォンです。

C: 10万ウォンをお預かり致します。3万ウォンのお返しでございます。

(10万ウォンを預かります。3万ウォンを返します。)

またのお越しをお待ちしております。

(また来てください。)

C: 전표를 받았습니다. 식사는 어떠셨습니까?
G: 매우 좋았습니다.
C: 감사합니다. 세금과 봉사료를 10% 추가하여 7만원입니다.
계산은 따로따로 하시겠습니까?
G: 아니오, 한꺼번에 부탁합니다.
C: 지불은 어떻게 하시겠습니까?
G: 현금으로 합니다. 10만원입니다.
C: 10만원을 받았습니다. 3만원을 거슬러드립니다.
또 오심을 기다리고 있겠습니다.

[3]

W: Waiter/Waitress　　C: Casher G:Guest

G: 勘定してください。

W: お会計はレジでお願いします。こちらへどうぞ。

(会計はレジでしてください。ここへどうぞ。)

C: ありがとうございます。伝票をお預かりいたします。

(ありがとうございます。伝票を預かります。)

お会計はこちらでなさいますか。お部屋にお付けしましょうか。

(会計はこちらでしますか。部屋に付けますか。)

G: 部屋につけてください。

C: お部屋につけておきましょうか。

(部屋につけておきますか。)

こちらにお名前とルームナンバーをお願いします。

(こちらに名前とルームナンバーをお書いてください。)

G: はい、どうぞ。

C: ありがとうございます。ご利用いただきまして、ありがとうございます。

(ありがとうございます。利用してくれて、ありがとうございます。)

G: 계산해 주세요.
W: 계산은 계산대에서 부탁드립니다. 이쪽으로 오세요.
C: 감사합니다, 전표를 받았습니다.
계산은 여기서 하시겠습니까, 객실 요금에 넣을까요?
G: 객실요금에 넣어주세요.
C: 객실요금에 넣어드릴까요?
여기에 성함과 룸 넘버를 부탁합니다.
G: 예, 여기 있어요.
C: 감사합니다. 이용해 주셔서 감사합니다.

단어

勘定(かんじょう) 계산
会計(かいけい) 계산
合計(ごうけい) 합계
一緒(いっしょ) 함께
別々(べつべつ) 따로따로
別々(べつべつ)に 따로따로
それとも 아니면, 그렇지 않으면
伝票(でんぴょう) 전표
税金(ぜいきん) 세금
サービス料(りょう) 서비스료, 봉사료
加(くわ)える 더하다, 가하다
加(くわ)えさせて 더해서, 가해서
レジ 금전출납계, レジスター의 준말
つける 달다, 붙이다.
ルームナンバー 룸 넘버

■ 표현 및 문법

1. 동사의 가능형

(1) 1그룹 동사는 ~[i]ます의 형태를 ~[e]ます의 형태로 활용하면 된다.

예) 会(あ)う ➡ 会(あ)います ➡ 会(あ)えます

만나다 만납니다 만날 수 있습니다

飲(の)む ➡ 飲(の)みます ➡ 飲(の)めます

마시다 마십니다 마실 수 있습니다

(2) 2그룹 동사는 ~ます의 형태를 ~られます의 형태로 활용하면 된다.

예) 食(た)べる ➡ 食(た)べます ➡ 食(た)べられます

먹다 먹습니다 먹을 수 있습니다

見(み)る ➡ 見(み)ます ➡ 見(み)られます

보다 봅니다 볼 수 있습니다

(3) 3그룹 동사는 다음과 같이 활용된다.

예) 来(く)る ➡ 来(き)ます ➡ こられます

오다 옵니다 올 수 있습니다

する ➡ します ➡ できます

하다 합니다 할 수 있습니다

2. 가능형의 경어

가능형의 경어는 お+(ます형)+になれます의 형태로 활용하고, 가능형의 부정형은 お+(ます형)+いたしておりません의 형태로 활용한다.

できます ➡ お+(ます형)+になれます。

できません ➡ お+(ます형)+いたしておりません。

예) 飲めます ➡ お飲みになれます。드실 수 있습니다.

使えます ➡ お使いになれます。사용하실 수 있습니다.

両替できる➡ 両替のお取り扱いはいたしておりません。

환전은 취급하지 않습니다.

<문제> problem

1. 다음 제시된 동사원형을 가능형으로 활용해 보세요.

行(い)く ➡

吸(す)う ➡

寝(ね)る ➡

来(く)る ➡

2. 다음 제시된 동사원형을 가능형의 경어로 활용해 보세요.

読(よ)む ➡

持(も)つ ➡

使(つか)う ➡

呼(よ)ぶ ➡

정답

1. 다음 제시된 동사원형을 가능형으로 활용해 보세요.

行(い)く ➡ 行(い)けます

吸(す)う ➡ 吸(す)えます

寝(ね)る ➡ 寝(ね)られます

来(く)る ➡ 来(こ)られます

2. 다음 제시된 동사원형을 가능형의 경어로 활용해 보세요.

読(よ)む ➡ お読(よ)みになれます

持(も)つ ➡ お持(も)ちになれます

使(つか)う ➡ お使(つか)いになれます

呼(よ)ぶ ➡ お呼(よ)びになれます

■ 식재료 관련단어

단어

お米(こめ) 쌀
むぎ 보리
とうもろこし 옥수수
豆(まめ) 콩
小豆(あずき) 팥
じゃが芋(いも) 감자
さつま芋(いも) 고구마
人参(にんじん) 당근
高麗人参(こうらいにんじん) 인삼
にんにく 마늘
ねぎ 파
玉(たま)ねぎ 양파
唐辛子(とうがらし) 고추
大根(だいこん) 무
キュウリ 오이
かぼちゃ 호박
キャベツ 양배추
ほうれん草(そう) 시금치
なす 가지
にら 부추
せり 미나리
ごぼう 우엉
うめ 매실
松茸(まつたけ) 송이버섯
椎茸(しいたけ) 표고버섯
玉子(たまご) 계란
豆腐(とうふ) 두부
のり 김

Chapter

20. 면세점

회화

[1]

S: Sales Clerk　　C: Customer

S: いらっしゃいませ。何をお探しでしょうか。

(いらっしゃいませ。何を探しますか。)

C: ビビクリームを探しているんですけど。

S: お決まりのメーカーはございませんでしょうか。

(決まったメーカーはありませんか。)

C: 韓雪化粧品のビビクリームですけど。

S: はい、何番のカラーがよろしいでしょうか。

(はい、何番のカラーがいいですか。)

C: 何がありますか。

S: 1番と2番がございますが、1番は明るくて、2番はナチュラルな色でございます。

(1番と2番がありますが、1番は明るくて、2番はナチュラルな色です。)

C: 2番を2つお願いします。また、この香水とこのアイシャドーも2つずつください。

S: かしこまりました。以上でよろしいでしょうか。

(分かりました。以上でいいですか。)

C: はい。いくらですか。

S: 22万円ウォンでございます。お支払はどのようになさいますか。

(22万円ウォンです。支払はどのようにしますか。)

C: カードでします。

S: パスポートと搭乗券をお願いします。

(パスポートと搭乗券をください。)

C: はい、どうぞ。

S: こちらにご署名をお願いします。

(こちらに署名してください。)

ありがとうございます。

領収証はこちらのビニール袋にお入れいたしますので飛行機からお降りになるまで、お開けしないようにください。

(領収証はこのビニール袋に入れるので飛行機から降りるまで、開けないでください。)

C: ありがとう。

S: ご利用いただきまして、ありがとうございました。

(利用してもらってありがとうございます。)

S: 어서 오세요. 무엇을 찾으십니까?

C: 비비크림을 찾고 있습니다만.

S: 정하신 메이커는 없으십니까?

C: 한설 화장품의 비비크림입니다만.

S: 예, 몇 번 컬러가 좋으십니까?

C: 뭐가 있습니까?
S: 1번과 2번이 있습니다. 1번은 밝고, 2번은 내추럴한 색상입니다.
C: 2번을 2개 주세요. 또 이 향수와 이 아이쉐도우도 2개씩 주세요.
S: 예, 알겠습니다. 이것으로 괜찮으십니까?
C: 예, 얼마입니까?
S: 22만원입니다. 지불은 어떻게 하시겠습니까?
C: 카드로 할께요.
S: 여권과 탑승권을 주세요.
C: 예, 여기 있어요.
S: 여기에 서명을 부탁드립니다. 감사합니다.
영수증은 이 비닐봉투에 넣었으니 비행기에서 내리실 때까지 열지 마세요.
C: 고마워요.
S: 이용해 주셔서 감사합니다.

[2]

S: Sales Clerk　　C: Customer

S: いらっしゃいませ。何かお求めでしょうか。
(いらっしゃいませ。何か求めますか。)
C: タバコとウイスキ— を買いたいんですか。
S: お決まりのメーカーはございませんでしょうか。
(決まったメーカーはありませんか。)
C: タバコは韓国のメーカーの中で一番人気があるのをお願いします。
ウイスキ— はよく分からないので。。。お勧めはありませんか。
S: かしこまりました。おタバコは「松」はいかがでしょか。
(かしこまりました。おタバコは「松」はどうですか。)

C: いいですね。ウイスキー は。

S: スコッチウィスキー とバーボン、どちらがよろしいでしょうか。
(スコッチウィスキー とバーボン、どちがいいですか。)

C: スコッチウィスキーの中でお勧めください。

S: 「モルトゴールド 」はいかがでしょうか。風味がよいでございます。
(「モルトゴールド」はどうですか。風味がいいです。)

C: ありがとう。「松」十箱と「モルトゴールド 」一本をください。

S: かしこまりました。17万ウォンでございます。
(かしこまりました。17万ウォンです。)
お支払はどのようになさいますか。
(お支払はどのようにしますか。)

C: 現金で払います。日本の円ではいくらですか。

S: 1万8千円でございます。
(1万8千円です。)

C: 2万円です。

S: パスポートと搭乗券を拝見させていただきます。
(パスポートと搭乗券を見せてください。)
2万円をお預かりいたします。2千円のお返しでございます。
(2万円を預かります。2千円を返します。)
ご利用いただき、まことにありがとうございます。
(利用してもらって本当にありがとうございます。)

S: 어서 오세요. 뭔가 찾으십니까?

C: 담배와 위스키를 사고 싶은데요.

S: 정하신 메이커는 없으십니까?

C: 담배는 한국 메이커 중에서 가장 인기가 있는 걸로 부탁합니다.
위스키는 잘 몰라서… 추천상품은 없습니까?

S: 알겠습니다. 담배는 솔이 어떠십니까?

C: 좋네요. 위스키는?

S: 스카치 위스키와 버번, 어느 쪽이 좋으십니까?

C: 스카치 위스키 중에서 추천 부탁합니다.

S: 몰트골드는 어떠십니까? 풍미가 좋습니다.

C: 고마워요. 솔 10갑과 몰트골드 한 병 주세요.

S: 알겠습니다. 17만원입니다. 지불은 어떻게 하시겠습니까?

C: 현금으로 지불할께요. 일본 엔으로는 얼마입니까?

S: 1만8천엔입니다.

C: 2만엔입니다.

S: 여권과 탑승권을 보여주시기 바랍니다.
2만엔을 받았습니다. 2천엔을 거슬러 드립니다.
이용해 주셔서 감사합니다.

[3]

S: Sales Clerk　C: Customer

S: いらっしゃいませ。

C: スカーフを探(さが)していますけど。

S: お決(き)まりのメーカーはございませんでしょうか。
(決(き)まったメーカーはありませんか。)

C: ありません。

S: 長(なが)さと色(いろ)はお決(き)まりでしょうか。
(長(なが)さと色(いろ)はお決(き)めましたか。)

C: はい、短くて桃色のスカーフならいいけど。

S: このスカーフはいかがでしょうか。

(このスカーフはどうですか。)

C: もっと明るい色はありませんか。

S: この商品はいかがでしょうか。もっと明るいでございますけど。

(この商品はどうですか。もっと明るいですけど。)

C: いいですね。巻いてみてもいいかしら。。。

S: はい、どうぞ。よくお似合いですね。

(はい、どうぞ。よく似合いますね。)

C: これをください。

S: 以上でよろしいでしょうか。

(以上でいいですか。)

C: はい。

S: かしこまりました。8万ウォンでございます。

(分かりました。8万ウォンです。)

お支払はどのようになさいますか。

(お支払はどのようにしますか。)

C: 現金で払います。日本の円ではいくらですか。

S: 9千円でございます。

(9千円です。)

C: 1万円です。

S: パスポートと搭乗券を拝見させていただきますか。

(パスポートと搭乗券を見せてください。)

1万円をお預かりいたします。1千円のお返しでございます。

(1万円を預かります。1千円を返します。)

ご利用いただき、まことにありがとうございます。

(利用してもらって本当にありがとうございます。)

S: 어서 오세요.
C: 스카프를 찾고 있는데요.
S: 정하신 메이커는 없으십니까?
C: 없습니다.
S: 길이와 색상은 정하셨습니까?
C: 예, 짧고 분홍색 스카프면 좋을텐데.
S: 이 스카프는 어떠십니까?
C: 좀 더 밝은 색은 없습니까?
S: 이 상품은 어떠십니까? 좀 더 밝습니다만.
C: 좋네요. (목에)둘러봐도 되려나…
S: 예, 그럼요. 잘 어울리시네요.
C: 이거 주세요.
S: 이걸로 괜찮으십니까?
C: 예.
S: 알겠습니다. 8만원입니다. 지불은 어떻게 하시겠습니까?
C: 현금으로 지불합니다. 일본 엔으로는 얼마입니까?
S: 9천엔입니다.
C: 1만엔입니다.
S: 여권과 탑승권을 보여주시겠습니까?
1만엔을 받았습니다. 1천엔을 거슬러 드립니다.
이용해 주셔서 진심으로 감사합니다.

단어

探す 찾다
決まる 정해지다
決める 정하다
カラー 컬러
明るい 밝은
暗い 어두운
ナチュラルな 내추럴한
色 색
香水 향수
アイシャドー 아이쉐도우
搭乗券 탑승권
署名 서명
氏名 성명, 이름
領収証 영수증
ビニール袋 비닐봉투
乗る 타다
降りる 내리다
開ける 열다
閉める 닫다
求める 구하다
買う 사다
タバコ 담배
メーカー 메이커
人気 인기
ウイスキー 위스키
お勧め 추천상품
スコッチウィスキー 스카치 위스키
バーボン 버번 위스키
風味 풍미
箱 상자
本 ~병(가늘고 뾰족한 물건을 세는 단위)
拝見 배견, 삼가뵙다
スカーフ 스카프
長さ 길이
桃色 · ピンク 분홍색
商品 · 品物 상품, 물건
巻く 감다, 두르다
かしら 여성이 쓰는 말로써 ~일지 몰라, ~을까, ~일까
似合う 어울리다

■ 표현 및 문법

계산에서 사용되는 접객 일본어는 다음 세 문장이 관용적으로 쓰인다.

다음 세 문장은 매우 자주 쓰는 문장이다. 또한, 숫자를 셀 때는 만 단위 이상은 10,000이라 할지라도 一万(일만)으로 정확히 말하는 것이 일반적이며, 천 단위일 경우에도 돈에 관련해서는 1,000을 一千(일천)으로 말하는 것이 좋다.

~ウォンで ございます。~원입니다.

~ウォンを　おあずかり　いたします。~원을 받았습니다.

~ウォンの　おかえしで　ございます。~원 거슬러 드립니다.

<문제> problem

다음 문장을 말해 보세요.

1만3천원입니다. ➡

1만5천원 받았습니다. ➡

2천원 거슬러 드립니다. ➡

10만6천원입니다. ➡

11만원 받았습니다. ➡

4천원 거슬러 드립니다. ➡

정답

1만3천원입니다. ➡ 一万三千(いちまんさんぜん)ウォンでございます。

1만5천원 받았습니다. ➡ 一万五千(いちまん ご せん)ウォンをおあずかりいたします。

2천원 거슬러 드립니다. ➡ 二千(に せん)ウォンのおかえしでございます。

10만6천원입니다. ➡ 十万六千(じゅうまんろっせん)ウォンでございます。

11만원 받았습니다. ➡ 十一万(じゅういちまん)ウォンをおあずかりいたします。

4천원 거슬러 드립니다. ➡ 四千(よんせん)ウォンのおかえしでございます。

■ 면세점 관련단어

단어

免税店 면세점

免税品 면세품

名品·銘柄 명품

搭乗券 탑승권

署名·サイン 서명, 사인

搭乗口 탑승구

ゲート 게이트

自動販売機 자동판매기

お土産 토산품

食べ物 먹을거리, 음식물

飲み物 마실 것, 음료

着物 옷, 일본 전통의복

履物 신, 신발류

記念品 기념품

저자소개

박정윤
세종대학교 호텔경영학 박사
백석대학교 외래강사

권봉헌
제주대학교 관광경영학과(경영학사)
세종대학교 호텔경영학과(경영학석사)
세종대학교 호텔관광경영학과(경영학박사)
제주컨트리관광호텔 객실부
제주그랜드호텔 마케팅부
호텔리조트학회 이사
한국외식경영학회 이사
한국호텔외식경영학회 이사
현재, 백석대학교 관광학부 학부장

〈자격〉
호텔관리사
해외여행인솔자
UNLV카지노경영 수료

호텔일본어

2012년 8월 25일 초판 1쇄 인쇄
2012년 8월 30일 초판 1쇄 발행

저 자 박 정 윤·권 봉 헌
발행인 寅製 진 욱 상

저자와의 합의하에 인지첩부 생략

발행처 백산출판사
서울시 성북구 정릉3동 653-40
등 록 : 1974. 1. 9. 제 1-72호
전 화 : 914-1621, 917-6240
FAX : 912-4438
http://www.ibaeksan.kr
editbsp@naver.com

값 15,000원
ISBN 978-89-6183-632-6